本书的出版得到了广东金融学院2020年“冲补强”项目——资产评估
校级重点建设学科项目的经费资助。

FINANCIAL
ASSETS
VALUATION

金融资产评估

史福厚　唐龙海 / 主编

中国经济出版社
CHINA ECONOMIC PUBLISHING HOUSE
北 京

图书在版编目（CIP）数据

金融资产评估/史福厚，唐龙海主编．-- 北京：中国经济出版社，2021.8

ISBN 978 - 7 - 5136 - 6612 - 1

Ⅰ．①金… Ⅱ．①史… ②唐… Ⅲ．①金融资产 - 资产评估 Ⅳ．①F830

中国版本图书馆 CIP 数据核字（2021）第 174693 号

责任编辑　贺　静
责任印制　巢新强
封面设计　华子设计

出版发行　中国经济出版社
印 刷 者　北京科信印刷有限公司
经 销 者　各地新华书店
开　　本　710mm × 1000mm　1/16
印　　张　13.25
字　　数　197 千字
版　　次　2021 年 8 月第 1 版
印　　次　2021 年 8 月第 1 次
定　　价　59.00 元
广告经营许可证　京西工商广字第 8179 号

中国经济出版社 **网址** www.economyph.com **社址** 北京市东城区安定门外大街 58 号 **邮编** 100011

PREFACE 前言

本书应资产评估专业应用型人才培养需要编撰而成，具有以下特点：一是结构合理。本书在结构安排上注重金融资产评估的内在逻辑性，在语言表述上力求简明扼要，深入浅出，有助于学生理解和消化。二是内容丰富。本书结合金融资产评估实务，尽可能涵盖金融资产评估的主要内容，其中包含债券价值评估、股票价值评估、基金价值评估、远期合约与期货价值评估、期权价值评估、金融不良资产评估等，内容较为全面丰富。三是体系完整。各章节分别设置知识结构图、正文内容、案例等板块，并配有教学课件，方便教师教学与学生学习。

本书由广东金融学院史福厚教授、唐龙海副教授担任主编，主编负责编写大纲、统稿和总撰。参与本书编写的其他编者有王金平教授、夏芳副教授、孙凌云博士、刘彩云博士和李艺迪老师。

本书可作为资产评估专业和其他经管类专业本科、专科学生教材，也可作为经管类专业研究生、资产评估专业研究人员、资产评估公司从业人员和经管类部门人员的学习参考用书。

本书的出版，得到了广东金融学院 2020 年“冲补强”项目——资产评估校级重点建设学科项目经费资助。

限于编者的水平，书中难免存在错误及不当之处，敬请广大读者批评指正，以便据以作进一步的修正。

编　者

二〇二一年八月十八日

CONTENTS

目录

第一章　金融资产评估概述

章首导言

进行金融资产评估，首先应该了解金融资产评估的对象及其所处的市场环境，因此，本章将对金融资产和金融市场等概念性问题进行阐述，并在此基础上介绍金融资产评估的基础理论知识。通过本章的学习，读者将了解金融资产评估的评估对象和市场环境，以及掌握进行金融资产评估的基本原理。

本章知识结构图

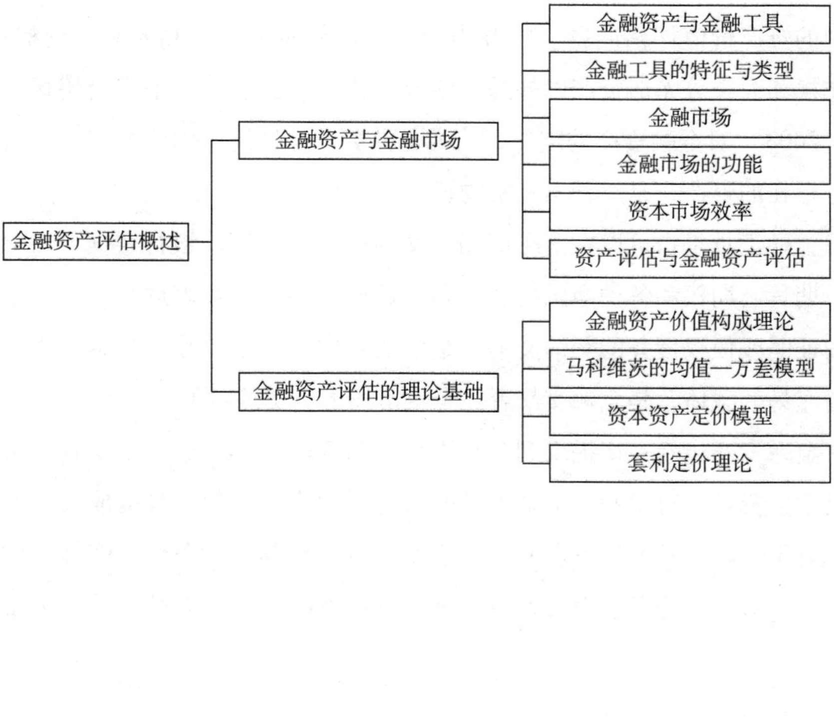

第一节　金融资产与金融市场

本节主要介绍金融资产与金融市场等基本概念，意在使读者了解金融资产评估涉及的评估对象及其特点，了解金融资产所处的环境，从而了解影响金融资产评估结果的各种因素。

一、金融资产与金融工具

在会计领域里，资产是指经济主体拥有或控制的、能以货币计量的、能够给经济主体带来经济效益的经济资源。按照资产存在的形态，可分为实物资产和非实物资产。广义的非实物资产包括专利、商标权、著作权等无形资产，以及货币资金、股权投资、债券投资、应收账款、贷款等金融资产。

目前关于金融资产的定义尚无一个明确统一的表述。美国学者威廉·D. 米勒（2001）将银行拥有的一切资产称为金融资产，用以分析银行并购中的资产价值评估问题。实务当中，人们将实务资产和专利、商标权、著作权和商誉等无形资产以外的一些资产称作金融资产。本书沿用杨子江等（2003）对金融资产的定义，认为金融资产是经济主体所拥有的以价值形态存在的资产，是一种索取实物资产的权利。

金融工具是指可以在金融市场上交易的商业票据、银行票据、保险单据、期货、期权和各种金融衍生工具的标准合同，一般表现为信用关系的书面证明或债权债务的契约文书。金融实务中，金融工具也被定义为资金融通交易的载体，是金融交易者在金融市场上买卖的对象。

金融资产包括一切提供到金融市场上的金融工具，但金融工具并不一定是金融资产。对于购买金融工具的持有者而言，金融工具构成其金融资产；对于金融工具的发行者而言，金融工具构成其金融负债。例如，同一张债券，对于其持有者而言，表示有一定额度的债款索取权，其是金融资产；但是，对于其发行者而言，表示承担一定额度的还本付息义务，其是金融负债。

二、金融工具的特征与类型

（一）金融工具的特征

金融工具是指在金融市场上进行投资或者筹资的工具，具有期限性、流动性、风险性、收益性四个基本特征：

1. 期限性

期限性是指金融资产具有从发行到最终支付的时间跨度，通常由金融资产的合约条款限定。一般情况下，债权资产具有确定的期限，而股权资产往往没有明确的期限。

2. 流动性

流动性是指金融工具在必要时以合理价格变现而不遭受损失的能力。金融资产的流动性主要受两个因素影响：偿还期限长短和发行者信誉状况。一般而言，偿还期限与流动性成反比，发行者信誉状况与流动性成正比。

3. 风险性

风险性是指购买金融资产的本金和预计收益遭受损失的可能性，包括违约风险和市场风险。违约风险是指债务人不能按期还本付息带来的履约风险。违约风险取决于债务人的还款能力和还款意愿。市场风险是指金融资产市场价格随市场利率上升而下跌的风险。一般而言，证券价格与利率呈反向变动关系。

4. 收益性

收益性是指金融工具能够带来价值增值的特性。通常情况下，风险和收益是对等的，呈正向变动关系。风险小，收益也小；风险大，收益也大。

（二）金融工具的类型

不同金融工具的具体特征表现不尽相同，按其收益特征，金融工具可分为以下三类。

1. 权益性证券

权益性证券是指代表特定公司所有权份额的证券，常见的权益性证券有普通股股票和优先股股票。权益性证券是公司筹集资金的主要形式之一，通过发行公司股票将形成公司的股权资本。权益性证券不承诺投资回报，不保证回本付息，其收益具有不确定性，具有较高风险。权益性证券的回报与发行企业的经营和财务状况密切相关，因而其持有人会关注公司的经营状况和发展前景。

2. 固定收益证券

固定收益证券是指其发行人未来向其持有人支付的货币流量将符合某种合约规定的证券。固定收益证券最显著的特征就是其货币流量的确定性，即固定收益证券的持有人未来在该证券上获得的货币流量是预先通过合约规定而确定的。例如，企业发行的公司债券，此证券必须承诺向债券持有人按一定期限支付一定利息。固定收益证券的持有人在关注收益的同时，更关注安全性。只有在发行人破产或违约的情况下，证券持有人才无法如期如数获得收益，否则可按合约规定获得收益。

3. 衍生证券

衍生证券是指其价值由另一种资产（或一组资产）价值决定的证券，包括各种形式的远期合约、期货、期权和互换等合约。以衍生证券价值变化能够抵消标的资产价值变化为思想基础，衍生证券的主要作用是方便公司进行套期保值或者转移风险。

三、金融市场

（一）金融市场的含义与特征

1. 金融市场的含义

金融市场是货币资金融通和金融工具交易的场所与行为的总和。金融市场是由许多不同的市场组成的，构成十分复杂，是一个庞杂的体系。

一个完备的金融市场应包括以下三个基本要素。

（1）资金供应者和资金需求者。包括政府、金融机构、企业事业单位、居民等，既能向金融市场提供资金，也能从金融市场筹措资金。这是金融市场得以形成和发展的一项基本要素。

（2）信用工具。这是借贷资本在金融市场上交易的对象，如各种债券、股票、票据、可转让存单、借款合同、抵押契约等，是金融市场上实现投资、融资活动必须依赖的标的。

（3）信用中介。这是指一些充当资金供求双方的中介人，起着联系、媒介和代客买卖作用的机构，如银行、投资公司、证券交易所、证券商和经纪人等。

2. 金融市场的特征

与其他市场相比，金融市场具备自身独有的特征。

（1）金融市场是以信用工具为交易对象的市场。

（2）金融市场交易双方之间不是单纯的买卖关系，更主要的是借贷关系，体现了资金所有权和使用权相分离的原则。

（3）金融市场可以是有形市场，也可以是无形市场。

（二）金融市场的类型

可以从不同的角度对金融市场进行分类。

（1）按照融资交易期限，可分为短期金融市场和长期金融市场。短期金融市场（货币市场），是指一年以下的短期资金的融通市场，包括同业拆借、票据贴现、短期债券和可转让存单的买卖等市场；长期金融市场（资本市场），包括长期贷款市场和证券市场。

（2）按照金融交易对象，可分为债券市场、股票市场、票据市场、外汇市场、黄金市场和保险市场等。

四、金融市场的功能

在现代经济系统中，金融市场是引导资本流向、沟通资本由盈余部门向短缺部门转移的市场。金融市场的功能主要体现在以下几个方面。

第一，融通资金。金融市场为筹资人（资金需求者）和投资人（资金供给者）提供了便捷的融资途径和场所，将供给者手中的资金转移至资金需求者手中。通过这种转移，其能够迅速、有效地引导资金合理流动，提高资金配置效率。

第二，转移和分散风险。在金融市场的交易过程中，资本使用权的出售者（资金供给者）在获得资本使用权购买者（资金需求者）一部分收益的同时，也有条件地分担了资本使用权购买者所面临的一部分风险。资本使用权出售者本身也变成了风险投资者，使经济活动中风险承担者的数量极大增加，从而减少了每个投资者所承担的风险量。在期货市场和期权市场，金融市场参与者还可以通过期货和期权交易，进行筹资、投资的风险防范与控制。

第三，确定金融资产价格。买卖双方在金融市场上的相互作用决定了交易资产的价格，或者说使金融资产的报酬率得以确定。金融市场这一定价功能引导着资本流动的方向与性质。金融市场具有定价功能，以其价格的波动和变化成为经济活动的晴雨表，金融市场的活跃程度可以反映经济的繁荣和衰退。

第四，降低交易成本。金融市场减少了交易的搜索成本和信息成本。金融市场各种中介机构可为潜在的和实际的金融交易双方创造交易条件，沟通买卖双方的信息往来，从而使潜在的金融交易变为现实。金融中介机构的专业活动降低了交易成本和信息成本。

第五，调节经济。金融管理部门在金融市场中进行操作，实现并完成金融间接调控。通过在金融市场中的金融间接调控行为，中央银行可以传导其政策信号，通过影响金融市场的价格从而对各微观经济主体的行为进行引导，实现其调整货币政策的意图。例如，经济过热时，中央银行既可以在公开市场出售证券，回笼货币资金；也可以提高存款准备金率，迫使商业银行减少放款，从而减少信贷市场上的货币供应。在货币需求不变而货币供应减少的情况下，利率将上升，从而导致投资成本上升，进而抑制投资需求，缓解经济过热。

五、资本市场效率

有效市场假说是现代经济学中理性预期理论在金融学中的发展。理性预期的思想表明，如果金融市场是有效的，那么市场预期就是基于所有可能信息的最优预测。在高度发达的金融市场中，由于各种信息已被及时且完全地反映在价格中，市场将具有高效率的“公允”价格的发现功能和形成机制，此“公允”价格能正确地反映资产价值的市场均衡价格。

因为价值评估基本理论通常以市场有效为假设前提，所以学习有效资本市场理论对于资产价值评估具有重要的意义。

（一）有效市场假说

Fama（1970）提出并深化了有效市场假说（Efficient Markets Hypothesis，EMH）。有效市场假说认为，在一个没有交易成本、持有成本和信息成本的理想证券市场中，如果证券价格及时、准确、完全地反映了所有可获得的相关信息，并能对新信息做出迅速且完全的调整，则这样的市场被称为有效市场。

在 EMH 的市场上，证券价格与其价值相等。一旦有和证券价值相关的信息被披露出来，市场就会迅速做出调整，从而使得价格重新等于价值。因而在这样的市场上，没有人或任何交易策略可以前瞻性地利用公开的信息赚取系统的超额投资回报。

（二）有效市场假说的三种形态

在金融市场上，不同信息对价格的影响程度不同，从而金融市场的效率程度因信息种类的不同而不同。法玛（1970）将证券的有关信息分为历史信息、公开信息和内部信息三类，从而划分了弱式、半强式和强式三种不同程度的市场效率。

法玛对证券有关信息的三类划分如下：

（1）历史信息，是指基于证券市场交易的有关历史资料，如历史股价、交易量等。

（2）公开信息，是指一切可公开获得的有关公司财务及其发展前景等方面的信息。

（3）内部信息，是指只有公司内部人员才能获得的有关信息。

法玛根据这三类信息，将资本市场分为以下三种有效程度。

1. 弱式效率性

在弱式效率性（Weak Form Efficiency）的市场中，所有包含过去证券价格相关的资料和信息（股票价格、交易量等历史资料）已充分反映在证券的现行市价中；证券价格的过去变化和未来变化是不相关的，即所有证券价格的变化是相互独立的。由于证券相关的历史信息已经充分揭露和完全反映，任何投资者试图通过技术方法分析历史信息以获取超额收益都是不可能的。反之，如果通过分析证券历史资料可以获取超额回报，则说明历史信息未完全反映在证券价格中，证券市场尚未达到弱式效率。

由于该理论的假设中，证券价格的过去变化和未来变化是不相关的，昨天的价格既不能用来说明今天的价格，也不能用来预测明天的价格。通过对证券价格的长期跟踪、分析，人们用“随机行走过程”（Random Walk Process）这一理论来形容某一特定股票的将来价格与其过去价格的关系。在随机行走过程中，股票连续的各次变动在统计链上是相互独立的，或者可以说，其序列相关系数为零。这就好像一群在空场上散步的人没有计划、没有目的地走来走去，使人完全没有办法预测其规律一样。过去的价格完全无法被用来预测将来的价格变化。研究股价历史完全无法给人带来盈利的机会。

2. 半强式效率性

半强式效率性（Semi – Strong Form Efficiency）假说认为证券价格中不只包含过去价格的信息，也包含所有已公开的其他信息，如经济和政治形势变化的宏观信息、收入资料、公司经营管理状况及财务信息等微观信息。

在半强式效率性市场中，投资者根据获得的公开信息迅速行动，则股价迅速反映了所有已公开信息，因此，在一个具有半强式效率性的市场中，投资者无法利用已公开的信息获得超额利润。这是因为在新的资料信息尚未公布之前，证券价格基本处于均衡状态。一旦新的信息出现，价格将根据新的信息而变化。公开信息传递的速度越快、越均匀，证券价格调整就越迅速；反之，就越慢。如果每个投资者都同时掌握和使用有关的公开信息进行投资决策，则任何投资者都不可能通过使用任何方法分析这些公开信息以获取超额收益。然而，公司的内线人物（如董事长或总经理等）却可能通过取得投资者无法获得的内部信息获得超额利润。

3. 强式效率性

强式效率性（Strong Form of Efficiency）市场假说认为证券的现行市价已充分地反映了已公开的或未公开的信息，即全部信息。强式有效资本市场的特征是无论可用信息是否公开，价格都可以完全地、同步地反映所有信息。由于市价能充分地反映已公开的和私下的信息，对于投资者来说，不能从公开的和非公开的信息分析中获得超额收益，因此内幕消息无用。

研究资本市场的强式有效问题，需要明确“内幕信息获得者”。通常情况下，大股东、董事会成员，监事会成员、公司高管成员以及有能力接触内部信息的人士被列为内幕信息获得者。对强式有效资本市场的检验，主要考察内幕信息获得者参与交易时能否获得超额收益。如果有人利用内幕信息买卖证券而获利，则说明证券市场尚未达到强式效率性。

在上述三种效率市场中，历史信息集是公开信息集的一个子集，而公开信息集又是所有信息集的一个子集，所以强式效率市场包含着半强式效率市场，半强式效率市场包含着弱式效率市场。

六、资产评估与金融资产评估

资产评估是一种运用科学方法对特定资产实际价值进行客观评定的行为，是一种将资产加以市场化的社会经济活动。每项评估工作都由一系列过程组成，包括界定评估对象、收集和分析资料、进行具体评估、提出评估报告等。

金融资产评估是资产评估的一种，是对金融资产在某一特定时间点的价值进行评定和估算。由于金融资产本身具有与其他资产不同的特点，金融资产评估除具有资产评估的共性以外，还有一些自身的特点。

金融资产的现实价格由它的收益和风险决定。金融资产评估也就是对金融资产的收益和风险进行确定的过程。

金融资产为其所有者或支配者提供现金流量（收益）。现金流量最直接的表现形式就是利息、股息、红利等。人们用现有的货币以一定的价格购买金融资产，是为了获得该项金融资产未来的现金流。考虑不同时点现金流之间的转化必然涉及时间价值以及未来的不确定。投资者持有一定量的金融资产，在未来所获得的现金流存在大量不确定性。这种预期现金流或收入遭受损失的可能性，被称为金融风险。

金融资产评估因金融资产交易的需要而产生，随着经济的发展、金融市场的繁荣，金融资产评估业务也从最初的偶然性、非专业性，向经常化、专业化发展。随着衍生金融工具的涌现与全球金融市场一体化的发展，金融资产评估理论不断完善和丰富，金融资产评估业务也蓬勃发展起来。

第二节　金融资产评估的理论基础

金融资产评估需要运用大量的经济学知识，在金融资产评估过程中，要根据不同的情况选择定价模型。本节将通过对金融资产评估理论的系统学习，了解金融资产的价值构成与金融资产定价的理论基础。

一、金融资产价值构成理论

金融资产评估需要解决的一个最基本问题就是要计算资产的“价值”。只有充分了解金融资产的价值构成规律，才能对其进行合理的定价和估值。不同的理论对“价值”内涵的阐释有所差异，本部分主要介绍劳动价值论、效用价值论和新古典经济学价值论等价值理论。

（一）劳动价值论

1. 劳动价值论的主要观点

劳动价值论是关于商品价值由无差别的一般人类劳动，即抽象劳动创造的理论。劳动决定价值这一思想最初由英国经济学家威廉·配第提出。亚当·斯密和大卫·李嘉图也对劳动价值论的发展做出了巨大贡献。劳动价值论认为劳动决定价值，商品价值量与耗费劳动量成正比，与劳动生产率成反比，并把复杂劳动归结为简单劳动的加总。在此基础上，马克思对劳动价值论进行了深入阐述，完善了科学的劳动价值理论。劳动价值论的主要观点有以下几个方面。

（1）商品的二因素原理

商品是用来交换的劳动产品。商品必须具有使用价值和价值两个属性。使用价值是指物品和服务能满足人们某种需要的属性，即物品和服务的有用性。价值是指凝结在商品中无差别的一般人类劳动。商品的价值通过交换得以体现，因此，交换价值是价值的表现形式，价值是交换价值的基础。

（2）劳动的二重性原理

商品是由劳动创造的。商品的二因素是由生产上的劳动二重性决定的。换言之，商品的使用价值和价值是由生产商品的具体劳动和抽象劳动决定的。具体劳动指代一些具有具体形式的劳动，可从劳动目的、劳动对象、劳动成果等方面考察。抽象劳动则不考察具体形式，而是从抽象的角度考察人类劳动，即所有劳动都是人类的体力和脑力的消耗。

（3）商品价值量的决定

商品的价值量取决于生产商品的劳动时间，商品的价值量与生产商品的劳动时间成正比，此处的劳动时间由生产商品的社会必要劳动时间决定。社会必要劳动时间是指在现有的社会正常的生产条件下，在社会平均的劳动熟练程度和劳动强度下制造某种使用价值所需要的劳动时间。

（4）价值规律

价值规律是商品和交换的基本经济规律，即商品的价值量取决于社会必要劳动时间，商品按照价值相等的原则互相交换。其表现形式是市场供求影响商品价格，商品价格以价值为中心上下波动。

2. 劳动价值论与资产评估

资产也是一种商品，结合劳动价值论谈资产评估问题，得出以下启示：①资产的价值由生产或创建该项资产的社会必要劳动时间决定，社会必要劳动时间越长，资产的价值越大。因此，资产评估中要充分考虑生产或创建该项资产的社会必要劳动时间的长短，这是构成资产价值的物质基础。②即使是新构建的经济效用相同的资产，如果技术水平发生了变化，其价值也可能存在较大差别。从收益角度看，可以认为技术水平变化以前的资产产生了较显著的技术性贬值。因此，在资产评估中，必须注意资产的技术性贬值，使评估结果更科学和公正合理。③在进行资产评估时，相对于静态的立场，应把被评估资产置于技术水平变化的动态中进行评估，评估结果将更为准确合理。④劳动价值论认为资产的价值由凝聚到资产中的具体劳动和抽象劳动决定，这是从资产的生产成本角度，即供给的角度来衡量资产的实际价值，因此，劳动价值论是资产评估的理论基础之一。

（二）效用价值论

效用价值论（Utility Theory of Value）的实质是从消费者主观需求的角度看待商品的价值。效用价值论的发展经历了从一般效用论至边际效用论的过程。

1. 效用价值论的主要观点

（1）边际效用和边际效用递减规律

效用是指商品或劳务满足人的欲望的能力。换言之，效用是指消费者在消费商品后所感受到的满足程度。当感受到的满足程度高，则该商品对消费者的效用就大；反之亦然。边际效用是指在一定时间内消费者增加一个单位商品或劳务的消费所得到的增加的效用量或增加的满足程度。

边际效用递减规律可表述为：在一定时间内，在其他商品的数量保持不变的条件下，随着消费者对某种商品消费量的增加，消费者从该商品连续增加的每一消费单位中所获得的效用增量，即边际效用是递减的。

（2）基数效用论和序数效用论

边际效用学派以研究人的欲望与满足作为出发点，发展出基数效用论和序数效用论来衡量效用。基数效用论以基数 1、2、3……具体数量衡量效用，并认为效用的大小可以用基数来计量、比较和加总求和。序数效用论以序数，即第一、第二、第三等次序表示效用，并认为效用是消费者感觉到的满足程度，它的单位无法确定，因而不可计量。

（3）价格形成的基本规律

边际效用论学派用主观价值论和供求论来说明市场价格的形成和决定。该学派认为物品市价是供求双方对物品主观评价达到均衡的结果。依照分析条件和分析方法的不同，西方经济学又分为局部均衡分析和一般均衡分析进行研究。局部均衡分析是假定其他商品价格不变时，供给和需求双方对某一商品的主观评价决定了该商品的市场价格，并且由使供给和需求达到均衡的边际主观评价来决定。一般均衡分析则是考察在相互影响和制约的条件下所有商品的价格决定，各商品之间的价格关系体现为商品的价格比等于商品间的边际效用之比，并且一般均衡分析引入了无差异曲线作为分析工具。

2. 效用价值论与资产评估

效用价值论的基本思想是商品的价值取决于其对消费者提供的效用。对于资产而言，资产的效用是资产为其所有者带来的收益。资产的收益通常表现为未来一定时期内的货币现金流入，而货币具有时间价值，因此，要评估资产的价值，则必须将资产带来的未来货币现金流按照一定的折现率折算成现值，从而评估其价值。这就是资产评估方法中的收益法的基本思想。

效用价值论从效用的角度探索商品的价值构成，在一定意义上具有正确的一面。以效用价值论为理论基础进行资产评估，也具有相应的科学性和合理性。目前，收益法是一种被广泛采用的资产评估方法，在企业进行资产交易以及企业兼并中被广泛采用，因此，效用价值论在资产评估中也有一定的理论基础地位。两相比较，劳动价值论从供给的角度对资产的价值进行分析，并对资产的现时价格进行评估；而效用价值论则从消费者需求的角度分析资产价值，并据此评估资产的现时价格。

（三）新古典经济学价值论

1. 新古典经济学价值论的主要观点

新古典经济学是西方经济学的诸多流派中十分重要的一支。新古典经济学起源于 20 世纪 60 年代后期，承袭了古典经济学自由竞争的主张，发展了经济学研究方法，拓宽了经济学研究领域。新古典经济学的标志性代表人物——马歇尔，于 1890 年发表了《经济学原理》一书，将劳动价值论和边际效用学派的价值理论相结合，使得价值理论有了新的发展。新古典经济学派的价值理论的主要观点有以下几个方面。

（1）生产和消费是商品（包括资产）的价值来源

从生产方面来说，商品或资产的价值主要来源于生产商品或资产过程中所产生的成本，生产成本与价值成正比。生产成本主要包括生产过程中对劳动者工资报酬的支出、对债权人利息的支出、对股东股息的支出和对自然资源拥有者地租的支出等，这些成本支出被称为企业进行生产所投入的生产要素成本。消费方面主要是指消费者对商品或资产的主观心理感觉，即消费者得到的效用水平。效用水平越高，商品（资产）的价值也越高。生产和消费都影响商品（资产）的价值。

（2）商品的生产决定供给，商品的消费决定需求

在生产方面，人工、筹资和地租等方面的生产成本决定了企业能提供的商品量或资产量。在其他条件不变的情况下，生产成本与供给呈反向变动关系，具体体现为：随着生产成本的提高，企业能够提供的商品将下降，反之亦然。在消费方面，消费者对商品的主观评价（即效用水平）决定了其对商品或资产的需求，并且，效用水平与需求呈正向变动关系，即消费者认为该商品效用水平越高，对其需求越大；反之亦然。以上关系体现在商品和资产的价格和数量关系上，就形成了需求和供给规律。需求规律认为商品或资产的市场需求与其市场价格呈反向变动关系，即商品价格越高，需求量越小；商品价格越低，需求量越大。供给规律认为商品或资产的市场供给与其市场价格呈正向变动关系，即商品价格越高，供给量越大；商品价格越低，供给量越小。

（3）在自由竞争的市场上，商品或资产的价格由供给和需求共同影响决定

理论分析过程中，在价格和数量坐标系内，供给曲线反映供给水平，需求曲线反映需求水平，并且市场的均衡价格产生于需求曲线和供给曲线的交点。基于此，均衡价格是指当对商品的需求正好等于其供给时的价格，也就是这种商品的需求曲线与供给曲线的交点对应的价格。新古典经济学认为均衡价格是市场供给和需求自发调节形成的。

2. 新古典经济学价值论与资产评估

新古典经济学派的价值理论对于资产评估在理论和实践上都具有重要意义。

（1）资产评估须考虑生产或购建资产的成本

对生产成本的考察主要从四个方面进行：人力成本、资金成本、资本成本和地租成本。在进行资产评估时，应充分考虑资产的生产成本及其变化趋势，特别是在应用传统资产评估成本法时，不可避免地须考虑生产成本各项因素。

（2）资产评估须考虑资产的市场需求

资产的市场需求一般取决于其为持有者带来的预期未来收益，并且未来预期收益与其市场需求成正比，而市场需求大也将导致资产价值高；反之亦然。资产收益是一定时期内的现金流收入，在测算资产收益时需要把未来的现金流收入按照一定的贴现率折算成现值。此外，资产收益也分为直接经济收益和非直接经济收益（例如，为资产持有者带来公众形象的改善和提升企业商誉等）。

（3）资产评估须综合考虑生产成本和市场需求的影响

资产价格不是取决于生产成本和市场需求其中之一，而是由两者的综合影响共同决定，即在分析一项资产时，既需要考虑其生产成本，也需要考虑其给持有者带来的收益。如果该资产生产成本低，则其供给量将较大；如果其带来的收益大，则市场需求将较大，这种情况下资产的价值就会高。

（4）商品或资产的市场价格会随着市场的波动而变化

在竞争市场中，各种各样的因素都会造成市场波动。这些因素既可能来自经济方面，也可能来自非经济方面，各方面因素相互作用，影响市场供求关系，进而造成资产市场价格的波动。一般而言，资产的市场价格将围绕其实际价值上下波动。因此，在进行资产评估时，尤其是使用市场法时，不能忽视市场波动对资产价格的影响，但同时也不能因为市场价格的波动而掩盖了资产的实际价格（价值）。

二、马科维茨的均值—方差模型

证券以及其他风险资产的投资组合是金融市场上的各类投资活动的核心。而预期收益与风险则是风险资产投资组合首先需要考虑的两个核心问题。投资者的理想目标是平衡投资组合的风险与收益这两个相互制约因素，即在承担一定风险的情况下去获得最大的预期收益，或者在获得一定预期收益的情况下使投资风险降至最低。

1952 年，哈里·马科维茨（H. M. Markowitz）发表了《投资组合选择》一文，阐述了衡量收益和风险水平的定量方法，首次将个体投资决策中的收益和风险简化为均值和方差两个具体数理概念，建立了“均值—方差”模型的基本框架，将梳理统计方法应用到投资组合选择的研究中，使收益与风险的多目标优化达到最佳的平衡效果。

（一）模型简介

马科维茨的均值—方差模型是建立在一系列严格假设基础上的，主要包括：①证券市场是有效的，每个投资者都掌握充分的信息，并了解每种证券的期望收益及其方差。②投资者事先知道投资收益率的概率分布，并且收益率满足正态分布的条件，风险用收益率的方差表示，收益用期望收益率表示。③所有投资都是完全可分的。每个人可以根据自己的意愿选择尽可能多的或尽可能少的投资。④投资者是风险厌恶的，其投资目的是在既定风险水平上使收益最大或在既定收益上使风险最小。⑤投资者愿意仅在收益率的期望值和方差这两个测度指标的基础上选择投资组合。⑥投资者可以以无风险利率借入和贷出任何款项。

1. 证券组合收益和风险的度量

一个证券投资组合由一定数量的单个证券组成，每一只证券在组合中占一定比例。证券组合的收益率和风险可以由构成该组合的单一证券的期望收益率和方差来表示。

投资组合的收益率可表示为该组合中单个证券资产收益率的加权平均值，每个证券资产的权重由其在投资组合中的占比表示。假设一个投资组合由 n 项证券资产组成，则该投资组合的收益率可表示为：

$$r_p = \sum_{i=1}^{n} w_i r_i \tag{1-1}$$

其中，r_p 表示投资组合的收益率，w_i 表示单个资产的权重，r_i 表示单个资产的收益率。

那么，投资组合的预期收益率可以表示为构成投资组合的每项资产的期望收益率的加权平均值：

$$E(r_p) = \sum_{i=1}^{n} w_i E(r_i) \tag{1-2}$$

风险的大小由收益率的方差来度量，则投资组合的风险可以表示为构成投资组合的每项资产的收益率的方差以及单个资产之间收益率的协方差之和：

$$\sigma_p^2 = \sum_{i=1}^{n} \sum_{j=1}^{n} w_i w_j \sigma_i \sigma_j \rho_{ij} \tag{1-3}$$

其中，σ_p^2 表示证券组合的方差，ρ_{ij} 表示资产 i 和 j 的相关系数。

式（1－3）也可以表示为：

$$\sigma_p^2 = \sum_{i=1}^{n} \sum_{j=1}^{n} \mathrm{COV}_{ij} w_i w_j = \sum_{i=1}^{n} w_i^2 \sigma_i^2 + \sum_{i=1}^{n} \sum_{\substack{j=1 \\ i \neq j}}^{n} \mathrm{COV}_{ij} w_i w_j \tag{1-4}$$

式（1－4）中，COV_{ij}表示资产 i 和 j 收益率的协方差。

2. 马科维茨均值—方差模型

基于以上假设条件，马科维茨确立了证券组合预期收益、风险的计算方法和有效边界理论，构建了以下资产优化配置的均值—方差模型：

目标函数：

$$\min: \sigma_p^2 \tag{1-5}$$

限制条件：

$$\text{s.t. } E(r_p) \geqslant E_P^*$$

$$\sum_{i=1}^{n} w_i = 1$$

或者：

目标函数：

$$\max: E(r_p) \tag{1-6}$$

限制条件：

$$\text{s.t. } \sigma_p^2 \leqslant \sigma_P^{2*}$$

$$\sum_{i=1}^{n} w_i = 1$$

模型第一部分式（1－5）说明，理性投资者可预先确定一个期望收益率 E_P^* ，通过式（1－5）可确定投资者在每个资产 i 上的投资比例 w_i ，使整个投资组合的风险最小。模型第二部分式（1－6）说明，理性投资者也可预先设定一个可承受的风险 σ_P^{2*} ，通过式（1－6）可确定投资者在每个资产 i 上的投资比例 w_i ，使整个投资组合的期望收益率 $E(r_p)$ 最大。最优化问题是一个二次规划问题，第一个求最小值模型是线性规划模型，而第二个求最大值模型是非线性规划模型，因此，现实中往往用第一个模型求解最优投资组合。

马科维茨均值—方差模型求解的思路是：首先，根据给定的限制条件找出所有可行的证券组合，即求出证券组合的可行域；其次，根据目标函数，在第一步求出的可行域中找出期望收益率最优的证券投资组合。

（1）两种风险资产的投资组合

将两种风险资产进行投资组合，假设两种风险资产的回报率分别为 r_1 和 r_2 ，回报率均值分别为 $\bar{r}_1$ 和 $\bar{r}_2$ ，回报率标准差分别为 σ_1 与 σ_2 ，回报率的协方差为 σ_{12} 。则有：

$$\bar{r}_1 = E(r_1)\ ,\ \bar{r}_2 = E(r_2)$$

$$\sigma_1^2 = E(r_1 - \bar{r}_1)^2\ ,\ \sigma_2^2 = E(r_2 - \bar{r}_2)^2$$

$$\sigma_{12} = E(r_1 - \bar{r}_1)(r_2 - \bar{r}_2)$$

投资在两种资产上的份额分别为 w 与 $1-w$，则组合的期望回报率为：

$$\bar{r}_p = E(r) = w\,\bar{r}_1 + (1 - w)\,\bar{r}_2$$

投资组合的回报率方差为：

$$\sigma_p^2 = w^2\,\sigma_1^2 + (1 - w)\,\sigma_2^2 + 2w(1 - w)\,\sigma_{12}$$

随着 w 从 0 变化到 1，组合在均值—标准差坐标系上画出一条连接两个资产的双曲线。如果允许卖空风险资产（w 可能小于 0 或者大于 1），组合的曲线可以向两端延伸。曲线的最左侧点代表通过组合所能达到的最小波动率，这个组合被称为最小方差组合（见图 1－1）。可以求出最小方差组合中两类资产的权重，其一阶条件为：

$$\frac{\partial \sigma_p^2}{\partial w} = 0$$

$$\Rightarrow 2\sigma_1^2 w^* - 2\sigma_2^2(1 - w^*) + 2\sigma_{12} - 4\sigma_{12} w^* = 0$$

$$\Rightarrow \sigma_1^2 w^* - \sigma_2^2 + \sigma_2^2 w^* + \sigma_{12} - 2\sigma_{12} w^* = 0$$

$$\Rightarrow (\sigma_1^2 + \sigma_2^2 - 2\sigma_{12}) w^* = \sigma_2^2 - \sigma_{12}$$

$$\Rightarrow w^* = \frac{\sigma_2^2 - \sigma_{12}}{\sigma_1^2 + \sigma_2^2 - 2\sigma_{12}}$$

将权重代入投资组合期望回报率的公式，得到最小方差组合的均值为：

$$\bar{r}_p = E(r) = w\bar{r}_1 + (1 - w)\bar{r}_2$$

$$= \frac{\sigma_2^2 - \sigma_{12}}{\sigma_1^2 + \sigma_2^2 - 2\sigma_{12}}\bar{r}_1 + \left(1 - \frac{\sigma_2^2 - \sigma_{12}}{\sigma_1^2 + \sigma_2^2 - 2\sigma_{12}}\right)\bar{r}_2$$

$$= \frac{\sigma_1^2\bar{r}_2 + \sigma_2^2\bar{r}_1 - \sigma_{12}(\bar{r}_1 + \bar{r}_2)}{\sigma_1^2 + \sigma_2^2 - 2\sigma_{12}}$$

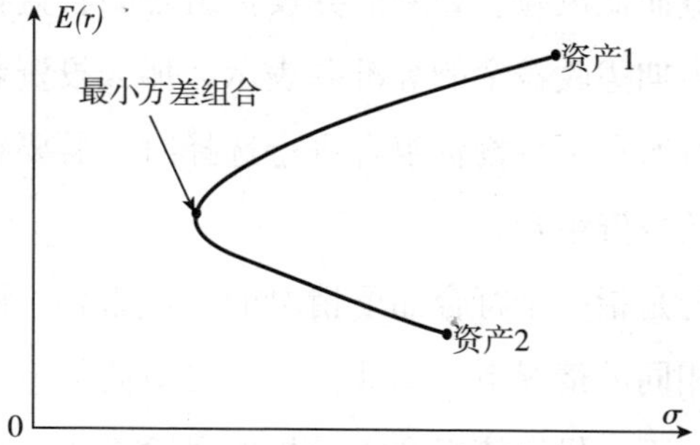

图 1－1　两种风险资产的组合

在组合两种风险资产时，两种风险资产之间的相关性有重要意义。两种资产之间的相关系数越低，能通过组合达到的最小波动率则越低。当两种资产完全负相关时（相关系数为－1），可以通过适当选择组合权重，完全消除组合回报率的波动性。相反，如果两种资产完全正相关（相关系数为＋1），则无法通过组合达到消除波动率的目的，组合在坐标系中变成一条通过两种资产的线段（见图 1－2）。不过，两种资产的相关系数为＋1 或－1 的情形在现实中不会发生，因而只有理论上探讨的意义。

通过以上分析能看到分散化投资（diversification）的好处。通过将彼此之间不完全正相关的资产组合在一起，可以有效地降低回报率的波动性。而如果把市场上所有可得的资产都放在一起，就能最大限度地实现风

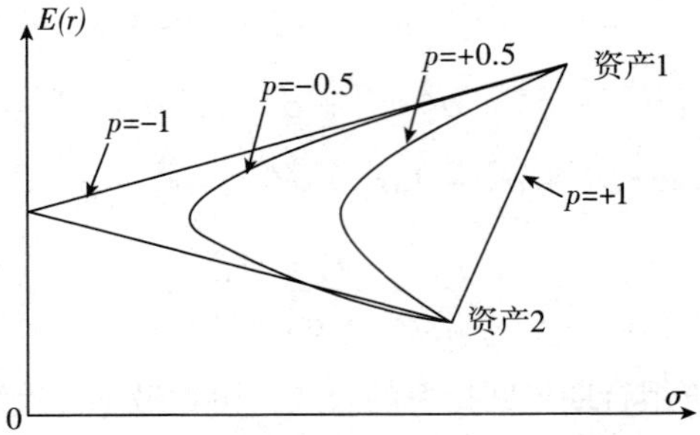

图 1－2　不同相关系数下两种风险资产的组合

险的分散。

（2）有效边界

一般的投资者都是喜好收益而厌恶风险的，因而在进行投资决策时，表现为希望高收益而低风险。如果证券投资组合的收益特征由期望收益率表示，风险特征由期望收益率的标准差表示，那么投资者在期望收益率—标准差坐标系中对所有可行投资组合进行选择时，需要在可行集中寻找最有利的点，即有效投资组合。

有效投资组合是指一个符合如下情况的资产组合，即其他的投资组合在与之风险水平相同的情况下，不能提供比之更高的平均收益率；或者在相同收益水平情况下，投资该组合需承担的风险更小，那么这个资产组合就被称为有效资产组合。如图 1－3 所示，有效资产组合位于可行集的上边缘粗实线部分，这部分边界也被称为有效边界。因为当波动率即风险水平相等时，处在有效边界（双曲线的上半支）上的组合有最高的期望回报率，所以理性投资者应该只选择处在有效边界上的组合。

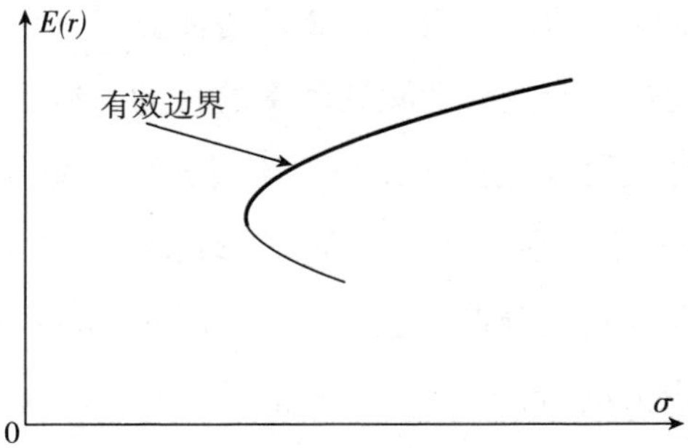

图 1－3　资产组合的有效边界

（3）最优投资组合

有效边界提供了证券投资组合可行集中可被投资者选择的所有可能组合。在有效边界上，投资者究竟会选择哪一点作为自己的组合，则取决于投资者自己的偏好。根据现代投资组合理论，马科维茨认为，投资者会依据表示自己偏好的效用函数的无差异曲线在有效边界上进行选择。

个体投资者在个人偏好上存在差异，其个人偏好可通过表示其个人的效用函数的无差异曲线来体现。位置越高的无差异曲线，表示该投资者的满意程度越高。那么，投资者需要利用无差异曲线，在有效边界上找到所在无差异曲线位置最高的组合，该组合就是该投资者最优的有效组合选择，具体表现为无差异曲线簇与有效边界的切点所示投资组合。

如图 1－4 所示，*A* 投资者根据其无差异曲线簇，将选择无差异曲线簇与有效边界的切点 *A* 作为其最优投资组合，而 *B* 投资者则会选择其无差异曲线簇与有效边界的切点 *B* 作为其最优投资组合。

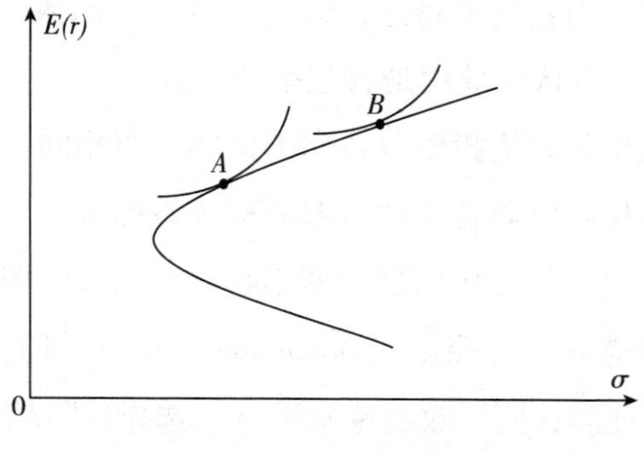

图 1－4　不同投资者的最优投资组合

（二）模型的主要结论

（1）有效边界模型说明，投资者可通过投资于收益不相关或收益反向相关的资产，降低投资风险并获得稳定收益。

（2）结合使用代表投资者效用函数的无差异曲线与有效边界，在两者切点处获取最优投资组合，从而使投资者在分散风险的同时又达到获得最高收益的目的。

（三）模型的局限性

马科维茨投资组合理论分析逻辑看似简单，但是在实际运用中却会遇到怎样确定效用函数、怎样估计风险资产参数等问题。在20世纪五六十年代，在涉及投资组合中个体投资证券数目庞大情况时，则需要估计庞大数量的收益和风险参数，由于计算能力较差，该模型的推广在一定程度上受到影响，致使后来的资本资产定价模型及单因素模型得以发展。

三、资本资产定价模型

20世纪60年代初期，随着经济学家对证券估值问题的深入研究，夏普等在借鉴马科维茨投资组合理论的基础上增加了新的假设，提出了资本资产定价模型（Capital Asset Pricing Model，CAPM）。

（一）资本资产定价模型简介

1. CAPM模型的基本假设

（1）投资者希望财富越多越好，效用是财富的函数，财富又是投资收益率的函数，因此可以认为效用是收益率的函数。

（2）投资者能事先知道投资收益率的概率分布相同。

（3）投资风险用投资收益率的方差或标准差标识。

（4）影响投资决策的主要因素为期望收益率和风险两项。

（5）投资者都遵守主宰原则（Dominance Rule），即同一风险水平下，选择收益率较高的证券；同一收益率水平下，选择风险较低的证券。

（6）可以在无风险折现率 R 的水平下无限制地借入或贷出资金。

（7）所有投资者对证券收益率概率分布的看法一致，因此市场上的有效边界只有一条。

（8）所有投资者具有相同的投资期限，而且只有一期。

（9）所有的证券投资可以被无限制地细分，任何一个投资组合里可以含有非整数股份。

（10）税收和交易费用可以忽略不计。

（11）所有投资者可以及时免费获得充分的市场信息。

（12）不存在通货膨胀，且折现率不变。

（13）投资者具有相同预期，即他们对预期收益率、标准差和证券之间的协方差具有相同的预期值。

上述假设表明：第一，投资者是理性的，而且严格按照马科威茨模型的规则进行多样化的投资，并将从有效边界的某处选择投资组合；第二，资本市场是完全有效的市场，没有任何摩擦阻碍投资。

2. CAPM 模型的构建

马科维茨的投资组合从规避风险的角度建议投资者构造风险资产与无风险资产的组合。假设无风险资产和风险资产组合的回报率分别为 r_f 与 r_m。风险资产组合回报率的均值与标准差分别为 $\bar{r}_m$ 与 σ_m。由于无风险资产回报率为常数，它与任何风险资产回报率的协方差都是0。假设投在无风险资产和风险资产组合上的财富份额分别为 $1-w$ 与 w，则组合的均值和方差分别为：

$$\bar{r}_p = E[(1-w)r_f + w r_m] = (1-w)r_f + w\bar{r}_m = r_f + w(\bar{r}_m - r_f) \tag{1-7}$$

$$\begin{aligned}\sigma_p^2 &= E[(1-w)r_f + w r_m - (1-w)r_f - w\bar{r}_m]^2 \\ &= E[w^2(r_m - \bar{r}_m)^2] = w^2\sigma_m^2\end{aligned} \tag{1-8}$$

（1）资本市场线（Capital Market Line，CML）

式（1-8）中，随着 w 从0变化到1（投在风险资产上的份额从0%到100%），可在组合的均值—标准差坐标系上画出一条连接无风险资产和风险资产组合的线段。如果允许 $w>1$（允许以无风险利率借入资金来购买风险资产组合），则该线段还会向右方延伸。将式（1-7）和式（1-8）联立，可以推出这条线的函数表达式：

$$\bar{r}_p = r_f + \frac{\bar{r}_m - r_f}{\sigma_m}\sigma_p \tag{1-9}$$

这条线被称作资本市场线，其出发点是无风险资产所对应的点 A（0，r_f）经过市场组合点 M 的一条射线，具体如图1-5所示。

资本市场线表明，在均衡市场上，每一个投资者进行投资资产组合时所预期获得的收益率与所承担的风险有关，可将预期收益划分为无风险报酬和风险报酬两部分。对于有不同风险偏好的投资者，其投资组合的选择

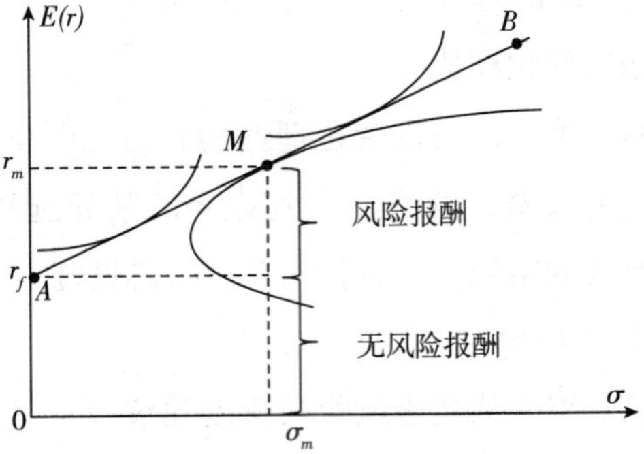

图1－5　投资组合的资本市场线

是射线 AB 上的某一点，当投资者的风险厌恶程度较高时，该投资者效用程度的无差异曲线将与资本市场线相切于离 A 点较近的位置，切点为该投资者的最优投资组合；反之，当投资者的风险厌恶程度较低时，则该投资者效用程度的无差异曲线将与资本市场线相切于离 B 点较近的位置，切点为该投资者的最优投资组合，该投资者在承担了更多风险的同时获得了更高的收益。资本市场线表示在资本市场均衡时，投资者如何将资金配置于市场组合 M 和无风险资产之间，即在允许无风险借贷情况下形成的新有效边界。

（2）证券市场线（Securities Market Line，SML）

前述资本市场线反映的是投资组合的预期收益率与市场风险之间的关系，如需了解单个资产的预期收益率与风险之间的关系，可以借助证券市场线找到答案。

如图1－5所示，令 $[\sigma_M, E(r_M)]$ 表示市场组合 M。在市场均衡时，任何理性投资者的投资组合选择都应该处于资本市场线上。现在假设构建一个新的组合，包括一个风险资产 i 和市场组合 M，两者的占比分别为 w 和 $1-w$。将此新组合的收益率记为 r_w，因而此收益率将受到 w 的影响。我们计算 r_w 的期望和标准差为：

$$E(r_w) = wE(r_i) + (1-w)E(r_m) \tag{1-10}$$

$$\sigma_W = [w^2\sigma_i^2 + (1-w)^2\sigma_m^2 + 2w(1-w)\sigma_{im}]^{\frac{1}{2}} \tag{1-11}$$

当 w 变化时，构建的组合在均值—标准差坐标系上画出一条穿过

$[\sigma_m, E(r_m)]$ 和 $[\sigma_i, E(r_i)]$ 的曲线（见图 1－6 中 i 到 M 的虚线）。令 $w=0$ 时，此组合即市场组合 M。并且，资本市场线与该组合曲线于 $[\sigma_m, E(r_m)]$ 处相交。该组合曲线只能与资本市场线相切于 $[\sigma_m, E(r_m)]$ 处，如图 1－6 所示。因为如果该组合曲线高于资本市场线，说明该组合的均值—方差可以优于资本市场线，这显然与资本市场线的定义相矛盾。

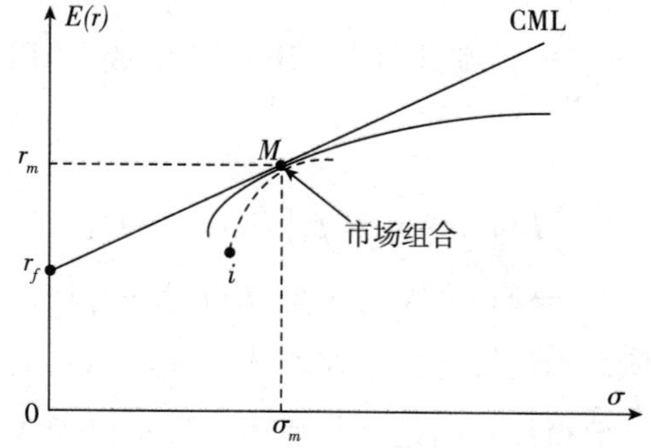

图 1－6　市场组合与某一风险组合的再组合

因此，这条曲线在这一点的斜率应该与资本市场线的斜率相等，即：

$$\left.\frac{\mathrm{d}E(r_w)}{\mathrm{d}\sigma_w}\right|_{w=0}=\frac{E(r_m)-r_f}{\sigma_m} \tag{1-12}$$

从求导法则可知：

$$\frac{\mathrm{d}E(r_w)}{\mathrm{d}\sigma_w}=\frac{\dfrac{\mathrm{d}E(r_w)}{\mathrm{d}w}}{\dfrac{\mathrm{d}\sigma_w}{\mathrm{d}w}} \tag{1-13}$$

从式（1－10）可推：

$$\frac{\mathrm{d}E(r_w)}{\mathrm{d}w}=E(r_i)-E(r_m) \tag{1-14}$$

而从式（1－11）可推：

$$\left.\frac{\mathrm{d}\sigma_w}{\mathrm{d}w}\right|_{w=0}=\frac{1}{2}(\sigma_m^2)^{-\frac{1}{2}}\cdot[2(\sigma_{im}-\sigma_m^2)]=\frac{\sigma_{im}-\sigma_m^2}{\sigma_m} \tag{1-15}$$

将式（1－14）和式（1－15）代入式（1－13），可得：

$$\frac{E(r_i)-E(r_m)}{\frac{\sigma_{im}-\sigma_m^2}{\sigma_m}}=\frac{E(r_m)-r_f}{\sigma_m}$$

从式（1 - 15）可推：

$$E(r_i)-r_f=\frac{\sigma_{im}}{\sigma_m^2}[E(r_m)-r_f] \quad (1-16)$$

如果定义 $\beta_i=\frac{\sigma_{im}}{\sigma_m^2}$，则式（1 - 16）变形成 CAPM 定价方程，如下所示：

$$E(r_i)-r_f=\beta_i[E(r_m)-r_f]$$

$$\Rightarrow E(r_i)=r_f+\beta_i[E(r_m)-r_f]$$

将以上公式所表示的线性关系在均值—β 坐标系上体现出来，这条直线即证券市场线。值得注意的是，与前述的资本市场线不同，证券市场线界定的风险与收益之间的关系适用于所有的资产或资产组合，而资本市场线只对那些由所有资产（包括无风险资产及风险资产）组合起来的"有效组合"成立。因此，证券市场线上所表示的资产或资产组合并不一定是有效组合，而非有效组合的对应点将落在资本市场线的下方。

3. CAPM 模型的含义

由前述可知 CAPM 可表示为：

$$E(r_i)=r_f+\beta_i[E(r_m)-r_f]$$

其中，$E(r_i)$ 表示投资组合的期望收益率；r_f 表示无风险收益率，即投资者能以这个利率进行无风险的借贷，通常以无风险的政府债券收益率估算；$E(r_m)$ 表示市场组合收益率，$[E(r_m)-r_f]$ 表示市场风险溢价，是市场组合收益率与无风险利率之差；风险系数 β_i 表示某个资产组合 i 相对于市场投资组合所面临的风险，是风险资产 i 的收益率与市场组合收益率的相关系数。

（二）资本资产定价模型的应用

由于模型形式简洁和理论便于理解，资本资产定价模型一经推出便在市场上得到了广泛的应用，具体体现在以下几个方面：

1. 估计资产预期收益率

投资者决策时的证券价值评估、公司管理者资产预算决策和投资决策时的项目价值评估均涉及未来收益折现的问题，而折现率的估计就涉及预期收益率或资本成本率的估计。实务中会广泛地运用资本资产定价模型来估计资产的预期收益率或投资的资本成本率。

2. 根据 β 系数衡量特定证券的系统风险

CAPM 中的 β_i 系数衡量某特定资产 i（或资产组合）相对市场组合的系统风险。当 $\beta_i = 1$ 时，说明特定资产 i 的风险收益率的变动比率与市场组合平均风险收益率的变动比率相同，投资此类证券为中性投资策略；当 $\beta_i > 1$ 时，表示特定资产 i 的风险收益率的变动比率高于市场组合平均风险收益率的变动比率，说明投资该单项资产的风险比投资整个市场组合的风险大，投资此类证券是积极进攻型投资行为；当 $\beta_i < 1$ 时，表示投资特定资产 i 的风险程度比投资整个市场组合的风险小，投资此类证券能相对避免风险，因此获得的收益也较少，此类投资行为是防御性投资。显然，投资者可以根据自身的风险偏好进行资产组合管理，从而优化其资金配置。

3. 确定资产的内在价值

CAPM 是基于风险资产的期望收益均衡的预测模型，因此，其所计算的某资产的预期收益是该资产的均衡价格，理论上与其内在价值一致。据此，投资者可以应用 CAPM 计算资产的内在价值，并在投资决策时，将 CAPM 预测的内在价值与实际市场价格进行比较，从而判断股价是否存在低估或高估，然后进行投资决策。

4. 投资组合绩效测定

CAPM 为指数化被动资产组合选择策略提供了原理和思路，从理论上支持了指数化被动投资策略的应用。指数化被动投资策略是复制某指数市场组合中的权重比例持有各种风险资产，并将该复制的风险资产组合结合无风险资产进行投资，形成最终的投资组合。根据指数化被动投资策略的业绩，可检验主动投资策略业绩的高低，据此评价投资组合管理者的绩效。

（三）资本资产定价模型的局限性

资本资产定价理论虽然得到了广泛的应用，但是也有其局限性。

1. CAPM 模型的假设条件与实际不符

（1）现实市场中有交易成本、信息成本及税收，为不完全市场。

（2）现实中，投资者的预期是不同质的，使证券市场线形成一个区间。

（3）现实中，借贷利率不相等，并且可能不等于无风险利率。

（4）假设收益率呈正态分布，与现实当中不一定相符。

2. CAPM 模型应用只适用于资本资产，人力资源资产不一定可定价买

3. 估计的 β 系数代表过去的变动系数，但投资者关心的是该证券未来的价格变化

4. 实际情况中，无风险资产和市场投资组合可能不存在

四、套利定价理论

1976 年，美国学者罗斯在《经济理论》杂志上发表了《资本资产定价的套利理论模型》一文，提出了一种新的资产定价模型，即套利定价理论（Arbitrage Pricing Theory，APT 模型）。套利定价理论在本质上是资本资产定价模型的拓展。该理论认为各种证券的收益率受某个或某几个因素的影响，各种证券收益率之所以相关，就是因为各种证券都会受这些共同因素的影响。

（一）模型假设

与 CAPM 模型相比，APT 模型假设数量较少，包括以下假设：①存在一个完全竞争的、无摩擦的市场；②投资者风险厌恶，并且追求效用最大化；③投资者有相同的投资理念；④资产收益由因素模型决定；⑤市场上存在无风险资产；⑥满足无套利原理。

（二）套利定价理论的基本机制

套利定价理论（APT）的基础原理是价格规律，即在均衡市场上，两种性质相同的商品价格应该相同，否则可以利用两者的价差进行套利。将

此原理从商品应用到资产上，具有相同市场风险的两个投资组合或两种资产在市场中的预期收益也应该相等，否则投资者将可在无风险的情况下买低卖高进行套利，获得高于无风险的收益。套利定价理论认为套利行为是市场均衡价格形成的一个决定性因素。如果市场没有达到均衡状态，则市场上就会存在无风险套利机会，投资者将会迅速买进低价资产，导致其需求上升、价格上涨，同时卖出高价资产，导致其供给上升、价格下降，该套利行为将使套利机会很快消失，市场将从非均衡状态达到均衡状态。

套利定价理论假设一系列行业和市场方面的因素决定了证券的收益，当考察不同证券的收益都受到某种或某些因素的影响时，不同证券收益之间就存在相关性。那么，具有相同因素敏感性的证券组合应具有相同期望收益，如果具有相同因素敏感性的证券组合期望收益不同时，就存在套利机会，套利行为将使得具有相同因素敏感性的证券组合最终期望收益相同。

（三）套利定价理论模型

1. 因素模型

套利定价理论从研究决定证券收益率的影响因素出发，认为证券收益率与一组影响它的基本因素线性相关，因而形成了因素模型。

线性多因素模型表示为：

$$r_i = a_i + b_{i1} F_1 + b_{i2} F_2 + \cdots + b_{ik} F_k + \varepsilon_i$$

其中，r_i 表示证券 i 的收益率；F_k 表示第 k 个影响因素；b_{ik} 表示证券 i 收益率对 k 因素的敏感系数，也称因素敏感度；ε_i 表示证券 i 收益率的随机误差项，其期望值为0；参数 a_i 代表当所有因素都为0时的证券收益率期望水平。

2. 无套利均衡

根据无套利均衡原则，在因素模型下，具有相同因素敏感性的资产组合应提供相同的期望收益率，而当期望收益率不相同时，存在套利机会。当存在套利机会时，投资者将迅速买入收益率偏高的证券投资组合，致使收益率偏高的证券投资组合需求上升、价格上涨，导致该证券投资组合收益率下降；与此同时，卖出收益率偏低的证券投资组合，致使收益率偏低的证券投资组合供给上升、价格下降，导致该证券投资组合收益率将上升。最后，两者的收益率差距将迅速缩小直至消失，从而市场从非均衡状态达到均衡状态。

根据套利定价理论，理性投资者将不会放过任何套利机会构造套利组合，从而在风险不增加的情况下，使其投资组合的预期收益率增加，即无风险套利。

构造一个套利组合应该满足如下条件：

（1）投资者不需要额外追加投资，即套利组合属于自融资组合；

（2）套利组合的风险为零，即套利对任何因素都没有敏感性；

（3）套利组合的预期收益率应大于零。

当上述条件得以满足时，该组合即套利组合。理性投资者应该不会放过任何一个套利机会，买高收益证券，卖低收益证券，导致供求关系发生变化，直至套利机会消失，达到市场均衡。

3. 套利定价模型

因素模型的定价并没有满足均衡状态，因此需根据前述的无套利均衡原理，进一步将因素模型转换成一个均衡模型，即套利定价模型。

套利定价模型的推导基于以下两点：①在一个有效市场中，均衡状态下不存在无风险套利机会；②对于一个高度分散化的资产组合而言，只有几个共同因素需要补偿。证券与这些共同因素的关系为：

$$r_i = r_f + b_{i1}\lambda_1 + b_{i2}\lambda_2 + \cdots + b_{in}\lambda_n$$

其中，r_f 表示无风险利率，λ_n 表示投资者承担一个单位 n 因素风险的补偿额，风险大小由 b_{in} 表示。

该表达式即套利定价模型，可将其分解为两部分：第一部分截距为无风险利率，第二部分表示证券收益率与其影响因素之间的线性关系。在某种情况下，当套利定价模型的影响因素只有市场组合 M 一项时，APT 模型与 CAPM 模型在形式上是相同的，换言之，CAPM 模型是 APT 模型的一种特例。

（四）APT 模型与 CAPM 模型的异同

1. APT 模型与 CAPM 模型的相同点

首先，APT 模型与 CAPM 模型有相近的理念，两者都认为个体证券的预期收益率是在无风险收益率的基础上加上风险溢价；其次，风险与收益之间的关系在两个模型中均得以体现，即系统性风险与预期收益率成正比；最后，CAPM 模型可视为 APT 模型的一个特例，当影响证券收益的因素只有一个市场组合收益率时，两者的公式表现形式完全一样。

2. APT 模型与 CAPM 模型的不同点

首先，APT 模型比 CAPM 模型需要更少的限制性的假设。其次，CAPM 模型只考察了市场投资组合单个因素对个体证券的影响，认为经济体系中的系统性风险即市场风险才是唯一影响个体证券预期收益率的主要因素；而 APT 模型则认为证券的预期收益率受到市场中多个风险因素的影响。最后，CAPM 模型的理论架构比 APT 模型更为严谨，而 APT 模型较符合实际情况。

（五）套利定价理论的意义

套利定价模型是对资本资产定价理论的继承和拓展。一方面，它克服了 CAPM 理论中市场资产组合数据不易观测与单一因素对收益率解释性不强的缺陷；另一方面，它对套利行为进行了较为深入的研究，并将其引入市场均衡分析之中，从而丰富了市场交易行为的研究视角。从近年来的金融实践研究成果来看，APT 模型的定价效率高于 CAPM 模型，因而在金融资产风险测定方面，APT 模型更具普遍适用性。

本章小结

1. 金融资产包括所有的金融工具，但金融工具并不一定是金融资产。对于金融工具的持有者而言，金融工具构成金融资产；对其发行者而言，金融工具构成金融负债。

2. 金融工具是在金融市场上进行投资或者筹资的工具，具有期限性、流动性、风险性、收益性四个基本特征。

3. 金融市场是货币资金融通和金融工具交易的场所与行为的总和。金融市场是由许多不同的市场组成的，构成十分复杂，是一个十分庞杂的体系，具备自身独有的特征。

4. 在金融市场上，不同信息对价格的影响程度不同，从而金融市场的效率程度因信息种类不同而不同。法玛将证券的有关信息分为历史信息、公开信息和内部信息三类，从而划分了弱式、半强式和强式三种不同程度的市场效率。

5. 金融资产评估是资产评估的一种，是对金融资产的收益和风险进行确定的过程。

6. 劳动价值论是关于商品价值由无差别的一般人类劳动，即抽象劳动创造的理论；效用价值论的实质是从消费者主观需求的角度看待商品的价值。效用价值论的发展经历了从一般效用论至边际效用论的过程；新古典学派将劳动价值论与边际效用学派的价值理论结合，在此基础上形成了均衡价值的观点。

7. 马科维茨将个体投资决策中的收益和风险简化为均值和方差两个具体数理概念，建立了“均值—方差”模型的基本框架，将梳理统计方法应用到投资组合选择的研究中，使收益与风险的多目标优化达到最佳的平衡效果。

8. 资本资产定价模型认为经济体系中的系统性风险即市场风险是影响个体证券预期收益率的主要因素。

9. 套利定价理论认为证券的预期收益率受到市场中多个风险因素的影响，并且套利行为将使得具有相同因素敏感性的证券组合最终期望收益相同。

章后习题

重要概念

金融资产　金融工具　金融市场　资本市场效率　金融资产评估　劳动价值论　效用价值论　均值—方差模型　资本资产定价理论　资本市场线　套利定价理论

思考题

1. 简述金融资产的概念。

2. 简述金融工具的特征。

3. 简述金融市场的功能。

4. 简述有效市场假说的三种形态。

5. 简述劳动价值论。

6. 马科维茨的均值—方差模型有哪些局限性?

7. 简述资本资产定价模型的含义。

8. 比较资本资产定价理论和套利定价理论。

综合案例分析

一、目的

1. 掌握有效市场假说和基础的资产定价理论。

2. 训练学生的理论分析和思考能力。

二、案例说明

1. 案例内容

2009 年,贾斯汀·福克斯出版了《理性市场的神话》一书。该书回顾了有效市场理论从"假说"到"事实"再到"神话"的历程,认为任何神话都要经历发生、发展乃至消亡的过程。

《理性市场的神话》涵盖了市场效率的概念——证券的市场价格总是融合了所有可获得的相关信息,其结论是:股票是"随机波动"的,从长期而言,是不可能战胜市场的。并且广泛列举了衡量风险以及为伴随风险而产生的衍生品定价的各种模型。

福克斯以记者特有的犀利笔触指出,提出这一理论的人从一开始就知道,诸如股票收益呈"正态"或钟形分布的假设是不现实的。

福克斯指出,芝加哥大学的尤金·法玛(Eugene Fama)曾将资本资产定价模型(CAPM)与有效市场理论相结合,广泛传播这种假说。根据法玛的观点,投资行为是在风险与收益之间权衡取舍的结果。主要风险是股票价格相对于整体市场波动的敏感度,该风险被称为贝塔系数(β)。其结论是:所有股票的价格波动是随机的,所不同的是股票波动性的大小程度。

然而,法玛和肯尼思·弗兰奇在 20 世纪 90 年代初的一次研究却推翻了法玛自己的假说。他们全面分析了1940年以来股票市场的收益情况，结果发现股票的收益波动并非完全随机，其中存在某些规律，例如，小型股的收益通常优于大型股；“价值股”（即股价低于净资产的股票）的表现通常优于大盘；存在一种“惯性”效应，既往表现良好的股票后市往往会继续维持良好表现；等等。

对于法玛无视上述研究结果，依然坚持他的“风险因素”假说，福克斯毫不掩饰自己的愤慨：“这无异于教皇说上帝已经死了。”根据法玛的假说，市净率高的廉价股有风险，因此会为投资者带来较高收益。福克斯指出了其中的荒谬：“这等于是说，对于同一家公司，在股价为5美元时投资比在20美元时风险要大——这是成功投资教学中一个奇怪的矛盾之处。”

福克斯认为，养老基金等投资机构按照“有效市场理论”制订投资策略，在一定程度上加剧了2008年金融风暴的冲击。“审慎不再是基于传统的法律概念，而是重新定义为遵循现代投资组合理论的科学要义”。一种不完善的假设，却把投资者暴露在巨大的风险之中。并且，在有效市场假说已经被学术界推翻之后，金融界却依旧把它作为投资的准则之一。作为资深金融记者，福克斯用自己的调查研究得出这一令人吃惊的结论：2008年遭受重创的金融家本应十分清楚依赖“有效市场理论”会导致什么后果，而噩梦竟然成为现实。

资料来源：顾晓军．反方依赖“有效市场理论”会导致恶果——评贾斯汀·福克斯的新著《理性市场的神话》[J]．华人世界，2009（9）.

2. 案例分析要求

要求学生以小组为单位，学习上述案例并收集相关资料，在了解有效市场假说和相关的资产定价理论的基础上，回答如下问题。

问题1：什么是有效市场假说？

问题2：什么是资本资产定价模型（CAPM）？其假设与现实的差异有哪些？

问题3：你怎样看待资本资产定价模型（CAPM）以及后期发展的多因素模型？

三、案例教学要求

1. 指导教师布置案例分析作业，提示相关要求。

2. 采取学生自由组合的方式，将班级学生划分为若干小组，并指定组长负责。

3. 要求学生以小组为单位，认真学习并收集相关资料，并就相关问题以 PPT 形式进行课堂汇报。

延伸阅读

1. 中国注册会计师协会. 2020 年注册会计师全国统一考试辅导教材 财务成本管理[M]. 北京:中国财政经济出版社,2020.

2. 杨子江. 金融资产评估[M]. 北京:中国人民大学出版社,2003.

3. 徐高. 金融经济学二十五讲[M]. 北京:中国人民大学出版社,2018.

4. 徐丹丹. 金融资产评估[M]. 北京:高等教育出版社, 2020.

5. 中国人民银行. 中国金融稳定报告[EB/OL]. http://www. pbc. gov. cn/

第二章　债券价值评估

章首导言

债券是证券资产的重要组成部分，企业通过发行债券从资本市场筹集所需资金，债券发行主体需要支付一定的报酬给投资人。而正确进行债券的价值评估对于债券发行主体尤为重要，若债券的价值定价过高，企业在资本市场上将遭遇筹资失败；若债券的价值定价过低，企业将承担巨大的资金损失。因此，债券价值评估具有重要的现实意义。

本章从债券的概念、债券的分类、上市交易债券的评估、非上市交易债券的评估、零息债券的价值评估、债券价值波动性分析等方面阐述债券价值评估。

本章知识结构图

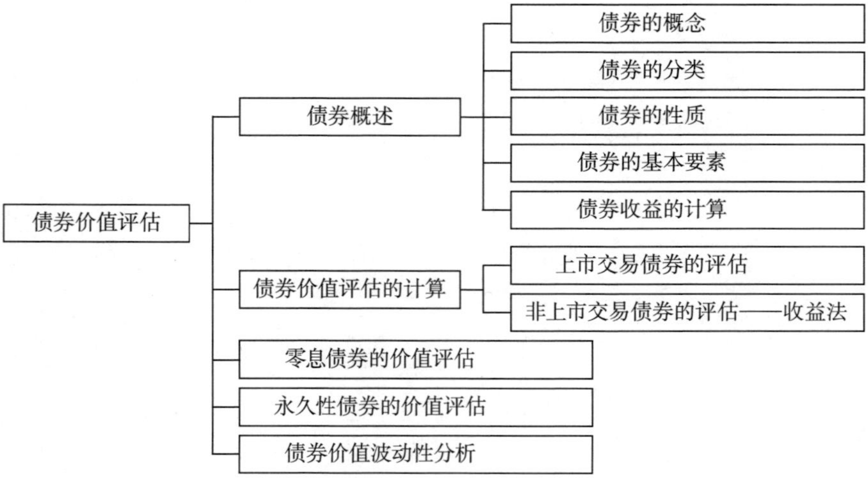

第一节 债券概述

一、债券的概念

1. 债券

债券是指发行主体因资金短缺在资本市场上公开向社会筹集经营发展所需要的资金，未偿还本金期间，发行主体承诺在债券到期前按照一定的比例向投资者支付利息，并在债券到期时偿还投资者本金的有效法律凭证。

2. 债券面值

债券面值是指发行主体向社会筹集资金时拟定的票面金额，它表示发行主体向债券持有人承诺偿还的金额。

3. 债券票面利率

债券票面利率是指债券的发行主体在一年的时间内需要向债券持有人支付的利息与债券面值之比。

4. 债券的到期日

债券的到期日是指债券发行人向债券持有人承诺的偿还本金的日期。

二、债券的分类

1. 按债券的偿还期限分类

债券按偿还期限可分为长期债券、中期债券和短期债券。长期债券是指发行主体向投资者承诺在超过五年的时间里偿还债券持有人的本金和利息。中期债券是指发行主体承诺在一至五年内返回本金和利息给债券持有人。短期债券是指按照约定在一年以内偿还债券持有人本金和利息的债券。

2. 按债券是否记名分类

债券按是否记名可分为记名债券和不记名债券。债券上登记了持有人的姓名或单位，为记名债券。记名债券由本人领取本金和利息，该债券可以挂失。债券上无持有人的姓名或单位，为不记名债券。这种债券可以在市场上流通，本金和利息的支付认票不认人，该债券不能挂失。

3. 按债券的利率是否确定分类

债券按利率是否确定可分为固定利率债券和浮动利率债券。债券向大众发行时就已经确定支付利率且在约定的整个偿还期内保持不变，为固定利率债券。债券发行时约定支付利率随市场利率的变化而变化，支付利率通常为市场基准利率与利差之和，为浮动利率债券。

4. 按债券的募集方式分类

债券的募集方式主要有公募和私募。前者是经过证券机构批准，公开在市场发行募集资金的行为。公募债券对发行主体的信誉要求比较高，一般由政府机构、地方公共团体在市场上募集资金，这种债券的认购风险较低。私募债券是发行主体在内部面向股东或者其他少数投资者发行的债券，一般不在市场上公开发行。

5. 按债券的计息方式分类

债券因计息方式的不同可分为零息票债券、一次还本付息债券、付息债券、单利债券、复利债券和累进利率债券。零息票债券以低于债券票面的价格发行，根据约定的日期按照债券面值向债券持有人支付本息，利息等于发行价格和债券面值的差额。一次还本付息债券是指约定期前不支付利息，到期时一次性支付给债券持有人本金和利息。付息债券是指债券发行时已附息票，息票上注明了计算的利率及其支付方式，在债券的偿还期内，债券持有人凭息票获得相应的利息。通常利息的支付为半年支付一次或者一年支付一次。单利债券是指仅按照债券的本金计息，在计算下期支付利息时上期支付的利息不会加入本金计算。与之相反，复利债券在计算利息时，本期支付的利息将连同本金一起计算下期需要支付的利息，且利息是逐期滚算的。累进利率债券支付的利息年利率是逐年累进的，后期的利率总是高于前期的利率，其支付的利息是累进式的。

6. 按债券的发行主体分类

政府作为发行主体发行的债券称为政府债券；金融机构作为发行主体发行的债券称为金融债券；公司作为发行主体发行的债券称为公司债券。

其中，政府债券依照发行主体的不同又可分为中央政府债券和地方政府债券。中央政府发行的债券违约的风险较小，因此利率较低。地方政府债券主要是为地方建设筹措资金，有违约的风险，故其支付的利率高于中央政府债券。金融债券是指银行或其他金融机构以高于银行存款利率向社会大众发放的债券。公司债券的发行主体为企业，它一般是在企业追加资本的情况下发行的债券，发行的面较窄。

三、债券的性质

（1）债券作为证券资产可以在证券市场自由流通和转让；

（2）债券是面向公众筹集资金的一种手段；

（3）债券是投资者为了获取一定的收益而出资购买的凭证；

（4）债券的投资具有收益不确定性和风险性。

四、债券的基本要素

（1）债券发行时的面值和规定的币种；

（2）债券发行时的价格；

（3）债券约定的偿还本金的期限；

（4）债券的票面利率。

五、债券收益的计算

债券的收益主要以收益率计算，其计算公式为债券收益率 =（债券收益/投资者投入的本金）×100%。债券收益率主要分为面值收益率、当时收益率和到期收益率。

当时收益率的计算公式为：

$$Y = \frac{B \times u}{P_0} \times 100\% \qquad (2-1)$$

其中，Y 表示当时年收益率；B 表示债券面值；u 表示债券利息率；P_0 表示债券持有人购买的实际价格。

【例 2－1】甲公司发行的债券面值为 2000 元，债券持有人实际购买的价格为 2100 元，票面利率为 10%，则债券持有人一年的当时收益率为：

$$Y=\frac{B\times u}{P_0}\times 100\%=\frac{2000\times 10\%}{2100}\times 100\%=9.52\%$$

当债券面值等于其实际发行的价格时，债券持有人的收益率等于债券的票面利率。

到期收益率的计算公式为：

$$Y=\frac{B\times u+\frac{B-P_0}{n}}{\frac{1}{2}(B+P_0)}\times 100\% \tag{2-2}$$

其中，Y 表示当时年收益率；B 表示债券面值；u 表示债券利息率；P_0 表示债券持有人购买的实际价格；n 表示债券的偿还期限。

【例 2－2】甲公司发行的债券面值为 2000 元，债券持有人实际购买的价格为 1800 元，票面利率为 8%，约定的偿还期限为 20 年，则债券的到期收益率为：

$$Y=\frac{B\times u+\frac{B-P_0}{n}}{\frac{1}{2}(B+P_0)}\times 100\%=\frac{2000\times 8\%+\frac{2000-1800}{20}}{\frac{1}{2}(2000+1800)}\times 100\%=8.95\%$$

债券到期时需要按照面值归还本金，如果债券折价发行，则债券持有人实际购买的价格与债券面值之间存在一个差额，这个差额会影响债券持有人的年收益率。到期收益率是指债券在约定的日期需要偿还债券持有人的本金和利息，这笔收入为持有人的投资收益。

第二节　债券价值评估的计算

债券作为一种有价证券，从理论上讲，它的市场价格反映了其收益现值。这种理论建立于以下假设条件：一是假设债券在市场上是自由流通的，它可以在市场上自由买卖，可转化成现金；二是假设债券在市场上的交易为正常交易，市场上没有垄断和过度投机行为。因此，债券的价值评估主要有两种方法：上市交易债券的评估和非上市交易债券的评估。

此外，债券的风险也影响了债券发行的价格，因此，债券的价值评估也需要评估债券的风险。债券的风险包括系统性风险和非系统性风险。系统性风险是指债券上市发行过程中无法避免的风险，而非系统性风险是指企业外部的无法控制的风险，如利率风险、通货膨胀风险。

一、上市交易债券的评估

上市交易债券是指经政府管理部门批准，可以在证券交易所内买卖的债券。它的特点是可以在市场上自由买卖、贴现。在市场交易正常的情况下，上市交易债券的评估采用市场法，它以现行市价作为评估价值的基础，评估基准日的收盘价即为它的评估值。

以市场法为基础的上市交易债券的评估计算公式为：

债券的评估价值 = 债券数量 × 评估基准日债券的收盘价

此处应该特别注意的是，以市场评估法为基础的上市交易债券在评估报告书中需要注明的内容包括：①债券所用的评估方法和结论与评估基准日的关系；②如果市场价格发生变化，债券的评估结果可随之调整，特别是上市交易债券的评估值一般不会高于同种债券在证券交易所的挂牌价。

【例 2 – 3】甲企业拥有 3 年期的债券 10000 张，债券面值为 100 元/张，年利率为 5%，该债券已上市交易。现委托 B 评估公司对其债券价值进行评估。B 评估公司经过市场调查发现，甲企业债券评估基准日的收盘价为 120 元/张，则该债券的评估价值为：

债券的评估价值 = 10000 × 120 = 1200000（元）

此外，债券的评估价值因支付利息方式的不同而采用不同的方法，具体有：

（1）单利计息债券的估计值

$$p = \frac{B + B \times u \times n}{1 + r \times n} \tag{2-3}$$

其中，p 表示债券的评估值；B 表示债券面值；u 表示债券利息率；r 表示折现率；n 表示债券的偿还期限。

【例 2－4】甲公司持有乙公司债券的面值总额为 200000 元，为乙公司发行的 10 年期到期一次偿还本金和利息的债券，年利率为 10%，单利计算，评估基准日距到期日还有 6 年，当时的银行利率为 8%，通货膨胀率为 4%，计算该债券的评估价值。

$$p = \frac{B + B \times u \times n}{1 + r \times n} =$$

$$\frac{200000 + 200000 \times 10\% \times 6}{1 + (8\% + 4\%) \times 6} = \frac{320000}{1.72} = 186046.51（元）$$

（2）复利计息债券的估计值

复利计息债券又可以分为以下两种情形：

①利息每年计算一次，到期归还面值的债券的评估价值，其计算公式为：

$$p = \frac{B}{(1 + r)^n} + \sum_{r=1}^{n} \frac{M_v}{(1 + r)^v} \tag{2－4}$$

其中，p 表示债券的评估价值；B 表示债券面值；M_v 表示第 v 年支付的利息；u 表示债券利息率；r 表示折现率；n 表示债券的偿还期限。

因为债券发行主体每年支付给债券持有人的利息相同，所以式（2－4）可以简化为：

$$p = B \times (P/F \times r \times n) + B \times u \times (P/A \times r \times n)$$

其中，P/F 表示复利现值系数，P/A 表示年金现值系数。

【例 2－5】甲公司持有乙公司债券的面值总额为 200000 元，债券 10 年到期，乙公司每年按 10% 支付一次利息；若银行利率为 8%，通货膨胀率为 4%，计算该债券的评估价值。

$$\begin{aligned} p &= \frac{B}{(1 + r)^n} + \sum_{r=1}^{n} \frac{M_v}{(1 + r)^v} \\ &= B \times (P/F \times r \times n) + B \times u \times (P/A \times r \times n) \\ &= 200000 \times (P/F \times 12\% \times 10) + 200000 \times 10\% \\ &\quad \times (P/A \times 12\% \times 10) \end{aligned}$$

$$= 200000 \times 0.322 + 200000 \times 5.650$$
$$= 1194400\ (元)$$

②到期一次还本付息的债券的评估价值，其计算公式为：

$$p = \frac{B + W}{(1 + r)^n} \tag{2-5}$$

其中，p 表示债券的评估值；B 表示债券面值；W 表示债券到期支付的全部利息；r 表示折现率；n 表示债券的偿还期限。

【例 2-6】甲公司持有乙公司债券的面值总额为 200000 元，债券 10 年到期后乙公司承诺支付给甲公司的利息为本金的 30%；若银行利率为 8%，通货膨胀率为 4%，计算该债券的评估价值。

$$p = \frac{B + W}{(1 + r)^n} = \frac{200000 + 200000 \times 30\%}{(1 + 8\% + 4\%)^{10}} = 260000 \times 0.322 = 83720\ (元)$$

二、非上市交易债券的评估——收益法

市场投机严重、市场价格被严重扭曲时，无法反映债券的真实内在价值，此时市场法无法评估债券的价值，而应该采用非上市交易债券的评估方法。非上市交易债券无法在证券市场上自由交易，只能在场外交易，流动性差，一般采用收益法。收益法考虑了债券的预期风险，按照适当的资本化率将债券折现后再计算债券的预期收益。

（一）收益法的概念

收益法是将被评估资产未来的预期收益折现成今天的价值，以此对被评估资产进行价值评估的一种方法。它符合资产评估中将利求本的思路，通过将资产的未来预期收益进行折旧和资本化，最终确定资产的评估价值。该思路认为，任何理性的投资人本质上都是追求利润的，其在投资任何资产前，所愿意支付的货币值不会高于该项资产未来产生的预期回报率。

收益法通过对资产进行评估后所确定的资产价值是指现在获得该项资产的未来预期收益需要支付的货币值。资产的评估价值与资产的未来预期收益密切相关，因此，被评估资产的预期收益越高，折现系数越低，资产

的评估价值也越大。

（二）收益法适用的前提

资产所有权变更时，只有新的资产持有人支付的货币值没有超过该项资产的未来预期收益的折现值，它才能为新的持有人带来一定的收益。因此，投资者购买债券时需要进行资产投资可行性分析，只有资产的未来预期回报率超过被评估资产的折现率时才可以支付货币额。收益现值法主要包含三大要素：被评估资产未来持续的预期收益、被评估资产折现时的折现率和被评估资产未来预期收益的持续年限。因此，收益法评估资产的前提条件为：

（1）被评估资产的未来预期收益必须是可预测的并且可以进行货币衡量；

（2）资产所有者所承担的风险也必须是可预测的并且可以进行货币衡量；

（3）被评估资产的未来预期收益的持续年限也是可以预测的。

从上述条件中可以看出，一是被评估资产与其未来的预期收益之间的关系是比较稳定的，这样被评估资产的未来预期收益才能得到合理评估。此外，被评估资产的未来预期收益容易受到主观因素和客观因素的影响，主观因素如被评估资产本身的收益情况、投资人自身的投资偏好等，而客观因素主要是指进行资产评估时被评估资产所处的宏观经济环境以及一些不可控的突发事件等，这些都会影响被评估资产的未来预期收益。二是进行资产评估时，可以比较和测算被评估资产所处的行业风险、经营风险及其他风险，这主要是为了确定被评估资产的折现率。三是被评估资产的未来预期收益越高、持续的年限越长，它的资产评估价值也越高。

（三）收益法的基本步骤

采用收益法对被评估资产进行评估的基本程序如下：

（1）收集与被评估资产未来预期收益相关的资料和数据，了解被评估资产的经营环境，测算被评估资产的财务状况，评估被评估资产的市场形势和经营风险等；

（2）预测被评估资产的未来预期收益；

（3）确定被评估资产的折现率；

(4) 采用折现率将被评估资产的未来预期收益折算成需要支付的现值;

(5) 分析、比较并最终确定被评估资产的评估价值。

(四) 收益法的基本参数

采用收益现值法对被评估资产进行评估时涉及许多经济技术参数，本节主要介绍三个主要的参数指标，即未来预期收益额、折现率和资产的未来预期收益年限。

1. 未来预期收益额

资产的未来预期收益是指资产在正常的经营环境中未来可得到的收益额。资产评估中的未来预期收益是指一种期望的未来预期收益，而不是资产以往的历史收益或现实中产生的收益。此外，资产的未来预期收益是指资产的客观收益，而不是目前资产的实际收益。因此，评估人员对被评估资产进行评估时需要充分认知资产未来预期收益的概念，合理评估资产的价值。

2. 折现率

折现率是指资产持有人在一定的投资风险情况下期望的投资报酬率，即对自己所拥有资产的一种期望回报率。折现率主要包括无风险报酬率和风险报酬率。通常情况下，无风险报酬率用同期发行的国库券利率表示。风险报酬率是指就超过无风险报酬率的部分对投资者进行风险补偿的投资回报率。被评估资产在评估的过程中，因其所处的行业、资产类别、经营环境、财务状况的不同，其确定的折现率也不相同。本质上，折现率与资本化率是相同的。折现率是把资产未来的预期收益在可预测的年限内折算成现值的比率，而资本化率是将资产未来永续性的预期收益折算成现值的比率。

3. 资产的未来预期收益年限

资产的未来预期收益年限是指资产获得预期收益的持续年限，它的设定由评估人员根据被评估资产的自身效用，以及相关的法律、法规、契约、合同等进行测定。

（五）收益法的应用情形

收益法是指对被评估资产的预期收益进行折旧或资本化处理以确定资产价值的方法。收益法依据其运用的具体情况主要可分为两大类：一类是根据被评估资产的未来预期收益是否有期限可分为有限期和无限期的评估方法；另一类是根据被评估资产的预期收益额是否等额可分为等额收益评估方法、非等额收益评估方法。为了掌握收益法的具体运用，先对这些方法中所使用的字符作统一的定义。

P 表示被评估资产的评估值；i 表示年序号；P_n 表示未来第 n 年的预计变现值；R_i 表示未来第 i 年的预期收益；r 表示折现率或资本化率；r_i 表示第 i 年的折现率或资本化率；n 表示收益年期；t 表示收益年期；A 表示年金。

1. 纯收益不变

（1）在收益永续、其他因素不变的条件下，计算公式为：

$$P = \frac{A}{r} \tag{2-6}$$

公式成立的条件为：①纯收益每年不变；②资本化率固定且大于零；③收益年期无限。

（2）在收益年期有限、资本化率大于零的条件下，计算公式为：

$$P = \frac{A}{r}\left[1 - \frac{1}{(1+r)^n}\right] \tag{2-7}$$

式（2-7）在资产估计实务中经常运用，其成立的条件为：①纯收益每年不变；②资本化率固定且大于零；③收益年期有限。

（3）在收益年期有限、资本化率等于零的条件下，计算公式为：

$$P = A \times n \tag{2-8}$$

公式成立的条件为：①纯收益每年不变；②资本化率等于零；③收益年期有限，为 n。

2. 纯收益在若干年后保持不变

（1）无限年期收益。其计算公式为：

$$P = \sum_{i=1}^{n} \frac{R_i}{(1+r)^i} + \frac{A}{r(1+r)^n} \tag{2-9}$$

公式成立的条件为：①纯收益在 n 年（含第 n 年）以前有变化；②纯收益在 n 年（不含第 n 年）以后保持不变；③收益年期无限；④ $r>0$。

（2）有限年期收益。其计算公式为：

$$P=\sum_{i=1}^{t}\frac{R_i}{(1+r)^i}+\frac{A}{r(1+r)^t}\left[1-\frac{1}{(1+r)^{n-t}}\right] \tag{2-10}$$

式（2-10）成立的条件为：①纯收益在 t 年（含第 t 年）以前有变化；②纯收益在 t 年（不含第 t 年）以后保持不变；③收益年期有限，为 n；④ $r>0$。

此处，计算公式中特别要注意的是，纯收益 A 的收益年期由 n 变成了 $n-t$。

3. 纯收益按等差级数变化

（1）当纯收益按等差级数递增、收益年期无限时，其计算公式为：

$$P=\frac{A}{r}+\frac{B}{r^2} \tag{2-11}$$

式（2-11）成立的条件为：①纯收益按等差级数递增；②纯收益逐年递增额为 B；③收益年期无限；④ $r>0$。

（2）当纯收益按等差级数递增、收益年期有限时，其计算公式为：

$$P=\left(\frac{A}{r}+\frac{B}{r^2}\right)\left[1-\frac{1}{(1+r)^n}\right]-\frac{B}{r}\times\frac{n}{(1+r)^n} \tag{2-12}$$

式（2-12）成立的条件为：①纯收益按等差级数递增；②纯收益逐年递增额为 B；③收益年期有限为 n；④ $r>0$。

（3）当纯收益按等差级数递减、收益年期无限时，其计算公式为：

$$P=\frac{A}{r}-\frac{B}{r^2} \tag{2-13}$$

式（2-13）成立的条件为：①纯收益按等差级数递减；②纯收益逐年递减额为 B；③收益年期无限；④ $r>0$；⑤收益递减到零为止。

注意：该计算公式单从数学方面考虑是成立的，但不能完全适用于资产评估，因为资产产权主体会根据替代原则，在资产收益递减为零之前停止使用该资产或变现资产，不会无限制地永续使用下去。

（4）当纯收益按等差级数递减、收益年期有限时，其计算公式为：

$$P = \left(\frac{A}{r} - \frac{B}{r^2}\right)\left[1 - \frac{1}{(1+r)^n}\right] + \frac{B}{r} \times \frac{n}{(1+r)^n} \tag{2-14}$$

式（2－14）成立的条件为：①纯收益按等差级数递减；②纯收益逐年递减额为 B；③收益年期有限，为 n；④ $r>0$。

4. 纯收益按等比级数变化

（1）当纯收益按等比级数递增、收益年期无限时，其计算公式为：

$$P = \frac{A}{r-s} \tag{2-15}$$

式（2－15）成立的条件为：①纯收益按等比级数递增；②纯收益逐年递增额为 s；③收益年期无限；④ $r>0$；⑤ $r>s>0$。

（2）当纯收益按等比级数递增、收益年期有限时，其计算公式为：

$$P = \frac{A}{r-s}\left[1 - \left(\frac{1+s}{1+r}\right)^n\right] \tag{2-16}$$

式（2－16）成立的条件为：①纯收益按等比级数递增；②纯收益逐年递增比率为 s；③收益年期有限；④ $r>0$；⑤ $r>s>0$。

（3）当纯收益按等比级数递减、收益年期无限时，其计算公式为：

$$P = \frac{A}{r+s} \tag{2-17}$$

式（2－17）成立的条件为：①纯收益按等比级数递减；②纯收益逐年递减比率为 s；③收益年期无限；④ $r>0$；⑤ $r>s>0$。

（4）当纯收益按等比级数递减、收益年期有限时，其计算公式为：

$$P = \frac{A}{r+s}\left[1 - \left(\frac{1-s}{1+r}\right)^n\right] \tag{2-18}$$

式（2－18）成立的条件为：①纯收益按等比级数递减；②纯收益逐年递减比率为 s；③收益年期有限，为 n；④ $r>0$；⑤ $0<s\leqslant 1$。

5. 已知未来若干年后资产价格的条件下，其计算公式为：

$$P = \frac{A}{r}\left[1 - \frac{1}{(1+r)^n}\right] + \frac{P_n}{(1+r)^n} \tag{2-19}$$

式（2－19）成立的条件为：①纯收益在第 n 年（含 n 年）前保持不变；②预知第 n 年的价格为 P_n；③ $r>0$。

6. 收益法应用举例

收益法在资产评估中的应用，主要分为以下几种情况。

（1）资产的收益年期有限的情况

被评估资产的未来预期能够被用来预测其在有限期内各期的收益额，因此可以采用适当折现率对各期的收益额进行折现，之后求各期的收益额折现值之和，即为该资产的评估价值。计算公式为：

$$P = \sum_{i=1}^{n} \frac{R_i}{(1+r)^i} \tag{2-20}$$

【例2－7】甲企业尚能继续经营三年，其间的营业收益全部用于抵充负债，转让时需要评估其三年经营收益的折现值。经预测得出三年内甲企业各年预期收益的数据如表2－1所示。求甲企业的资产评估价值。

表2－1　甲企业未来三年的预期收益

期限	收益额/万元	折现率/%	折现系数	收益折现值/万元
第一年	400	5	0.9524	381
第二年	500	5	0.9070	453.5
第三年	200	5	0.8638	172.8

甲企业的资产评估价值＝381＋453.5＋172.8＝1007.3（万元）

（2）资产的收益年期无限的情况

资产未来收益年期无限的情况主要包含以下两种情形：

①资产未来收益年金化的情形。这种情形下，先预测资产的年收益额，然后对其年收益额进行资本化处理，即可获得该资产的评估价值。

计算公式为：

$$P = \frac{A}{r}$$

该公式实际上是资产的未来收益折现值求和的特殊形式，公式的推导过程如下：

假设某项资产在第一年的预期收益为 R_1，第2年的预期收益为 R_2，…，第 n 年的预期收益为 R_n，折现率为 r，折现值之和为 P，计算过程为：

$$P = \frac{R_1}{(1+r)} + \frac{R_2}{(1+r)^2} + \cdots + \frac{R_n}{(1+r)^n}$$

当资产未来预期收益在各年都等于相同的数额 A 时，即 $R_1 = R_2 = \cdots = R_n = A$ 时，

$$P = A \times [\frac{1}{(1+r)} + \frac{1}{(1+r)^2} + \cdots + \frac{1}{(1+r)^n}]$$

$$= A \times [\frac{(1+r)^n - 1}{r \times (1+r)^n}]$$

$$= \frac{A \times [1 - \frac{1}{(1+r)^n}]}{r}$$

当 $n \to \infty$ 时，$\frac{1}{(1+r)^n} \to 0$，则有：

$$P = \frac{A}{r}$$

在某些情况下，有的被评估资产其未来预期收益并不完全相等，但是它的生产经营活动相对稳定，各期的收益变化不大，也可以采用上述计算方法评估它的价值，具体的步骤为：

第一步，预测该资产在未来几年内（一般为 5 年）各年的预期收益额，确定合适的折现率对每年的收益额进行折现，并对每年的折现值求和。

第二步，通过折现值之和求年等值收益额，计算公式如下：

$$\sum_{i=1}^{n} \frac{R_i}{(1+r)^i} = A \sum_{i=1}^{n} \frac{1}{(1+r)^i}$$

移项得，$A = \frac{\sum_{i=1}^{n} \frac{R_i}{(1+r)^i}}{\sum_{i=1}^{n} \frac{1}{(1+r)^i}}$

其中，$\sum_{i=1}^{n} \frac{1}{(1+r)^i}$ 为各年现值系数，可查表求得。

第三步，将年等值收益额进行资本化计算，最终求得该资产的评估价值。

②资产未来收益是不等额的情形。此种情形下的具体处理步骤为：

第一步，预测该资产在未来几年内（一般为5年）各年的预期收益额。

第二步，假设从若干年的最后一年（第6年）开始，每年的预期收益额相等。

第三步，将企业各年的预期收益额进行折现和资本化处理，具体的计算公式如下：

$$P=\frac{R_1}{(1+r)}+\frac{R_2}{(1+r)^2}+\cdots+\frac{R_5}{(1+r)^5}+\frac{A}{r}\times\frac{1}{(1+r)^5}$$

此外，资产后期年金化收益的确定一般以前期最后一年的收益额作为后期永续年金收益，也将后期预期的第一年收益作为永续年金收益。

【例2-8】甲企业预计未来五年的收益额分别是10万元、14万元、17万元、20万元和12万元。假设从第六年开始，甲企业各年的收益均为12万元，确定的折现率和资本化率为12%。求甲企业在持续经营下的评估价值和50年收益的评估价值。

1）甲企业在持续经营条件下评估价值求解过程：

第一步，求甲企业未来五年收益额的现值。

$$\begin{aligned}现值总额 &=\frac{10}{(1+12\%)}+\frac{14}{(1+12\%)^2}+\frac{17}{(1+12\%)^3}+\frac{20}{(1+12\%)^4}+\\&\quad\frac{12}{(1+12\%)^5}\\&=10\times0.8929+14\times0.7972+17\times0.7118+20\times0.6355+\\&\quad 12\times0.5674\\&=51.7092（万元）\end{aligned}$$

第二步，将甲企业第六年以后的预期收益额进行资本化处理，得：

$$\frac{12}{12\%}=100（万元）$$

第三步，计算甲企业的评估价值：

甲企业的评估价值 $=51.7092+100\times0.5674=108.45$（万元）

2）甲企业50年收益的评估价值求解过程：

$$甲企业50年收益的评估价值 = \frac{10}{(1+12\%)} + \frac{14}{(1+12\%)^2} + \frac{17}{(1+12\%)^3} + \frac{20}{(1+12\%)^4} + \frac{12}{(1+12\%)^5} + \frac{12}{12\%(1+12\%)^5} \times \left[1 - \frac{1}{(1+12\%)^{50-5}}\right]$$

$$= 51.7092 + 100 \times 0.5674 \times (1 - 0.0061)$$

$$= 51.7092 + 56.3939$$

$$= 108.1（万元）$$

收益法的困难在于需要确定合适的资本化率。通常债券的资本化率包含无风险报酬率和风险报酬率。在我国，无风险报酬率是指银行存款利率或政府债券利率。而债券发行企业的信用评级决定了它的风险报酬率，债券发行企业的信用评级越高，风险报酬率越低；反之，则风险报酬率越高。

非上市交易债券的评估根据付息方式的不同，可分为到期一次偿还本金和利息的债券，分次支付利息、到期一次偿还本金的债券，债券发行主体每年派发 n 次利息的债券。偿还方式不同，债券评估的方式也不同。

其一，到期一次偿还本金和利息的债券价值评估。这种债券在到期日前债券发行人不会向债券持有人支付利息，债券到期后一次性偿还债券持有人本金和利息。其价值评估公式为：

$$p = V \div (1+r)^n \qquad (2-21)$$

其中，p 表示债券的评估价值；V 表示债券到期时需支付的本金和利息；r 表示折现率；n 表示债券的偿还期限。

债券到期时需支付的本金和利息的计算需要区分单利和复利两种情况。

①单利情况，其计算公式为：

$$V = B(1 + mu) \qquad (2-22)$$

②复利情况，其计算公式为：

$$V = B(1 + mu)^m \qquad (2-23)$$

其中，B 表示债券面值；m 表示债券的计息次数；u 表示债券利息率。

债券明确记载了其面值、计息次数和利息率，而折现率需要评估人员根据评估时发行企业的财务状况和社会整体环境分析确定。债券评估的折现率包括无风险报酬率和风险报酬率。无风险利率的参照标准为同期银行存款利率、国库券利率或政府发放的短期债券利率；而风险利率的确定则比较复杂，需要评估人员用专业知识分析发行主体的经营情况、发行主体所处的行业风险以及同期的通货膨胀情况，并最终确定风险报酬率。一般情况下，政府发行的债券信誉度高，风险报酬率低；发行主体的经营情况良好、绩效高，所处行业的创新能力强，则风险报酬率低。否则，应该调高风险报酬率。此外，还可以参照信用评定机构公布的债券等级来确定风险报酬率。

【例2－9】某评估公司对甲企业持有的乙公司债券进行评估，债券的账面余额为70000元，为乙公司发行的三年期到期一次偿还本金和利息的债券，年利率为7%，单利计算，评估基准日距到期日还有两年，当时的国库券利率为4%。经评估公司调查，发现乙公司的盈利能力良好，财务状况稳定，债券到期时能够支付债券持有人本金和利息，故评估公司认为乙公司的投资风险较低，设置风险报酬利率为2%，无风险报酬利率则以国库券利率为准，计算该债券的评估价值。

$V = B(1+mu) = 70000 \times (1+3\times7\%) = 70000\times1.21 = 84700$（元）

$r = 4\% + 2\% = 6\%$

$p = V \div (1+r)^n = 84700 \div (1+6\%)^2 = 84700 \times 0.89 = 75383$（元）

其二，分次支付利息、到期一次偿还本金的债券价值评估。其计算公式为：

$$p = \sum_{t=1}^{n} \frac{R_t}{(1+r)^t} + B(1+r)^{-n} \tag{2-24}$$

其中，p 表示债券的评估价值；R_t 表示债券在第 t 年的预期利息收益；r 表示债券的折现率；B 表示债券面值；n 表示债券的偿还期限。

【例2－10】沿用【例2－9】的资料，假定乙公司债券每年支付一次利息，债券到期一次还本。计算该债券的评估价值。

$$p = \sum_{t=1}^{n} \frac{R_t}{(1+r)^t} + B(1+r)^{-n}$$

$$= 70000 \times 7\% \times (1+6\%)^{-1} + 70000 \times 7\% \times (1+6\%)^{-2} + 70000 \times (1+6\%)^{-2}$$

$$= 4900 \times 0.943\,4 + 4900 \times 0.89 + 70000 \times 0.89$$

$$= 71283.66 \text{（元）}$$

其三，债券发行主体每年派发 w 次利息的债券价值评估。

如果债券发行主体每年支付利息 w 次，在折现率为 r 的情况下，每期的折现率为 r/w，共支付 wt 期利息，债券的估值公式为：

$$p = \sum_{t=1}^{wn} \frac{\frac{R_t}{w}}{(1+\frac{r}{w})^t} + B(1+\frac{r}{w})^{-wn} \qquad (2-25)$$

其中，p 表示债券的评估价值；R_t 表示债券在第 t 年的预期利息收益；r 表示折现率；B 表示债券面值；n 表示债券的偿还期限；w 表示计息次数。

【例 2－11】 假设甲公司发行的债券面值为 2000 元，票面利率为 3%，每半年支付一次利息，偿还期为 10 年，该债券为到期一次还本付息债券，折现率为 12%，求甲公司债券的评估价值。

由题意可知，每次支付的利息为 $2000 \times 3\% = 60$（元），每年利息分 2 次支付，每次支付的利息为 30 元，每半年的折现率 $r/w = 12\%/2 = 6\%$，期限 $n = 10$，则债券的评估价值为：

$$p = \sum_{t=1}^{wn} \frac{\frac{R_t}{w}}{(1+\frac{r}{w})^t} + B(1+\frac{r}{w})^{-wn} = \sum_{t=1}^{20} \frac{30}{(1+6\%)^t} + \frac{2000}{(1+6\%)^{20}}$$

根据年金现值系数，可知：

$$\sum_{t=1}^{20} \frac{30}{(1+6\%)^t} = 30 \times 11.470 = 344.1$$

根据复利现值系数，可知：

$$\frac{2000}{(1+6\%)^{20}} = 2000 \times 0.312 = 624$$

$$p = 344.1 + 624 = 968.1 \text{（元）}$$

【例 2－12】 假设甲公司发行的债券面值为 2000 元，票面利率为 3%，每半年支付一次利息，偿还期为10年，该债券为到期一次还本付息债券，折现率为8%，求甲公司债券的发行价为多少。

由题意可知，每次支付的利息为2000×3%＝60（元），每年利息分2次支付，每次支付的利息为30元，每半年的折现率 $r/w=8\%/2=4\%$，期限 $n=10$，则债券的评估价值为：

$$p=\sum_{t=1}^{wn}\frac{\frac{R_t}{w}}{\left(1+\frac{r}{w}\right)^t}+B\left(1+\frac{r}{w}\right)^{-wn}=\sum_{t=1}^{20}\frac{30}{(1+4\%)^t}+\frac{2000}{(1+4\%)^{20}}$$

根据年金现值系数，可知：

$$\sum_{t=1}^{20}\frac{30}{(1+4\%)^t}=30\times 13.590=407.7\text{（元）}$$

根据复利现值系数，可知：

$$\frac{2000}{(1+4\%)^{20}}=2000\times 0.456=912$$

$$p=407.7+912=1319.7\text{（元）}$$

由【例2-11】和【例2-12】可知，债券的评估价值与折现率成反比，折现率越高，债券的估计值越低；反之，则债券的估计值越高。

第三节　零息债券的价值评估

零息债券是指发行主体在债券偿还期前不需要向债券持有人定期支付利息，债券支付的利息为债券到期时的价值和债券持有人购买时价格之间的差额的债券。债券持有人以低于债券面值的价格从发行主体购入债券，到期后从发行主体获得等于面值的货币。一张零息债券的现金流量意味着所购买债券的每期利息收入为零。零息债券的计算公式为：

$$p=\frac{B}{(1+r)^n} \tag{2-26}$$

其中，p 表示债券的评估价值；B 表示债券面值；r 表示折现率；n 表示债券的偿还期限。

还有一种债券是折价发行的债券，债券持有人获得的利息收入低于债券的票面利息，债券在发行时折价是为了保证投资人的实际收益率，这种债券类似于零息债券。它虽然和零息债券都是折价发行，但是折价债券的持有人定期可以收到一定的利息，零息债券的持有人在债券到期前没有任何利息收入。

【例 2－13】假设甲公司发行的零息债券在到期日的价值为 2000 元，偿还期为 10 年。如果债券持有人期望的收益率为 12%，则甲公司发行的零息债券在投资期初的价值是：

$$p = \frac{B}{(1+r)^n} = \frac{2000}{(1+0.12)^{10}} = 644\ （元）$$

【例 2－14】假设甲公司发行的债券面值为 2000 元，偿还期为 10 年，票面利率为 3%，该债券为到期一次还本付息债券，按照复利计息，采用折价发行。如果债券持有人期望的收益率为 12%，求甲公司债券的发行价。

$$p = B \times \frac{(1+u)^n}{(1+r)^n} = 2000 \times \frac{(1+0.03)^{10}}{(1+0.12)^{10}} = 865.54\ （元）$$

折价发行的债券应该小于其评估值，否则发行失败，因此该债券的发行价格不能高于 865.54 元，否则无法满足债券投资者的期望收益率。

第四节　永久性债券的价值评估

永久性债券虽然没有设置最终偿还期限，但是债券持有人每期可获得等值的利息收入。永久性债券的价值评估公式为：

$$p = \sum_{i=1}^{\infty} \frac{m}{(1+r)^i} = \frac{m}{r} \tag{2-27}$$

其中，p 表示债券的评估价值；m 表示债券持有人每期获得的等值利息收入；r 表示折现率。

【例 2-15】假设甲公司发行永久性债券，债券面值为 2000 元，公债的年利率为 5%，折现率为 10%，求甲公司永久性债券的评估价值。

$$p = \sum_{i=1}^{\infty} \frac{m}{(1+r)^i} = \frac{m}{r} = \frac{2000 \times 5\%}{0.1} = \frac{100}{0.1} = 1000\ (\text{元})$$

1000 元是债券持有人自购买债券日起至无穷期，每年可从甲公司得到 1000 元现金收入的现值。如果甲公司发行的永久性债券的年利率发生变化，则债券持有人每期收到的利息收入也随之发生改变，则式（2-27）中的折现率 r 和每期收到的利息收入 m 需要进行调整。

【例 2-16】假设甲公司发行永久性债券，债券面值为 2000 元，公债的年利率为 5%，折现率为 10%，该债券每半年向债券持有人支付一次利息，求甲公司永久性债券的评估价值。

本例中利息收入 $m = 0.05 \times \frac{6}{12} \times 2000 = 50$（元），折现率 $r = 10\% \times \frac{6}{12} = 5\%$，则甲公司永久性债券的评估价值为：

$$p = \sum_{i=1}^{\infty} \frac{m}{(1+r)^i} = \frac{m}{r} = \frac{50}{0.05} = 1000\ (\text{元})$$

第五节 债券价值波动性分析

债券的价值主要受到债券利息率、债券到期期限和收益率变化的影响。这三个要素对债券价值的影响具体表现为：①在债券到期期限和初始市场收益率不变的条件下，债券利息率越低，债券价值变化的幅度越大；②在债券利息率和初始市场收益率不变的条件下，债券到期期限越长，债券价值变化的幅度越大，但债券价值变动的幅度随着债券到期期限的延长而缩小；③市场收益率下降引发债券价值上升，市场收益率上升则引发债券价值下跌，但对于同一种债券而言，市场收益率下降或上升相同的幅度，债券价值上升的幅度大于下跌的幅度。

【例 2－17】假设甲企业和乙企业在市场上发行债券，两企业的债券面值均为 1000 元，债券的期限为 5 年，甲企业债券的利息率为 6%，乙企业债券的利息率为 10%，如果初始市场收益率为 10%，则收益率变动对两个企业债券价值的影响如表 2－2、表 2－3 所示。

当债券收益率为 10% 时，甲企业和乙企业的债券价值分别为：

甲企业的债券价值：

$$p = \sum_{t=1}^{n} \frac{R_t}{(1+r)^t} + B(1+r)^{-n}$$

$$= \sum_{t=1}^{5} \frac{1000 \times 6\%}{(1+10\%)^t} + 1000 \times (1+10\%)^{-5}$$

$$= 60 \times 3.7908 + 1000 \times 0.6209$$

$$= 848.35\ (元)$$

乙企业的债券价值：

$$p = \sum_{t=1}^{n} \frac{R_t}{(1+r)^t} + B(1+r)^{-n}$$

$$= \sum_{t=1}^{5} \frac{1000 \times 10\%}{(1+10\%)^t} + 1000 \times (1+10\%)^{-5}$$

$$= 100 \times 3.7908 + 1000 \times 0.6209$$

$$= 1000.00\ (元)$$

当债券的收益率发生变动时，甲企业和乙企业的债券价值计算过程以此类推。

如表 2－2、表 2－3 所示，当债券收益率为 10% 时，甲企业的债券价值为 848.35 元，乙企业的债券价值为 1000 元。如果债券收益率下降至 8%，甲企业的债券价值为 920.16 元，上升了 8.46%；乙企业的债券价值为 1079.87 元，上升了 7.99%。如果债券收益率上升至 12%，甲企业的债券价值为 783.69 元，下降了 7.62%；乙企业的债券价值为 927.88 元，下降了 7.21%。这表明债券利息率为 6% 的甲企业债券价值变动幅度大于债券利息率为 10% 的乙企业债券价值变动幅度；特别对于同一债券，收益率下降一定幅度引起的债券价值上升幅度大于收益率上升相同的幅度而引发的债券价值下降幅度。

表 2-2　收益率变动对不同债券利息率债券价值的影响　　单位：元

收益率（%）	收益率变动（%）	甲（6%/5 年）	乙（10%/5 年）
8.0	-20.00	920.16	1 079.87
9.0	-10.00	883.28	1 038.87
10.0	0.00	848.35	1 000.00
11.0	10.00	815.25	963.09
12.0	20.00	783.69	927.88

表 2-3　债券价值变动百分比　　（%）

收益率	收益率变动	甲（6%/5 年）	乙（10%/5 年）
8.0	-20.00	8.46	7.99
9.0	-10.00	4.11	3.89
10.0	0.00	0.00	0.00
11.0	10.00	-3.90	-3.69
12.0	20.00	-7.62	-7.21

【例 2-18】 设乙企业发行的债券面值为 1000 元，债券的票面利率为 10%，债券的期限分别为 5 年、10 年和 15 年，如果以 10% 的债券收益率为定价基础，求收益率对不同期限债券价值的影响。

当债券的期限为 5 年、收益率为 10% 时，乙企业的债券价值为：

$$p = \sum_{t=1}^{n} \frac{R_t}{(1+r)^t} + B(1+r)^{-n}$$

$$= \sum_{t=1}^{5} \frac{1000 \times 10\%}{(1+10\%)^t} + 1000 \times (1+10\%)^{-5}$$

$$= 100 \times 3.7908 + 1000 \times 0.6209$$

$$= 1000（元）$$

当债券的期限为 10 年、收益率为 10% 时，乙企业的债券价值为：

$$p = \sum_{t=1}^{n} \frac{R_t}{(1+r)^t} + B(1+r)^{-n}$$

$$= \sum_{t=1}^{10} \frac{1000 \times 10\%}{(1+10\%)^t} + 1000 \times (1+10\%)^{-10}$$

$$= 100 \times 6.1446 + 1000 \times 0.3855$$

$$= 1000（元）$$

当债券的期限为 15 年、收益率为 10% 时，乙企业的债券价值为：

$$p = \sum_{t=1}^{n} \frac{R_t}{(1+r)^t} + B(1+r)^{-n}$$

$$= \sum_{t=1}^{15} \frac{1000 \times 10\%}{(1+10\%)^t} + 1000 \times (1+10\%)^{-15}$$

$$= 100 \times 7.6061 + 1000 \times 0.2394$$

$$= 1000（元）$$

当债券的收益率变动时，其对不同期限债券价值的计算过程以此类推。

如表 2－4、表 2－5 所示，债券期限越长，债券价值变动的幅度越大。如果收益率从 10% 下降到 8%，则 5 年期、10 年期和 15 年期债券价值分别上升了 7.99%、13.42% 和 17.12%；10 年期和 5 年期债券的价值变动率相差 5.43%，15 年期和 10 年期债券的价值变动率相差 3.70%。如果收益率从 10% 上升到 12%，则不同期限债券价值分别下降了 7.21%、11.30% 和 13.62%；10 年期和 5 年期债券的价值变动率相差 4.09%，15 年期和 10 年期债券的价值变动率相差 2.32%。

表 2－4　收益率变动对不同期限债券价值的影响　　单位：元

收益率（%）	收益率变动（%）	5 年	10 年	15 年
8.0	－20.00	1 079.87	1 134.21	1 171.15
9.0	－10.00	1 038.87	1 064.17	1 080.57
10.0	0.00	1 000.00	1 000.00	1 000.00
11.0	10.00	963.09	941.12	928.09
12.0	20.00	927.88	887.02	863.79

表 2-5　债券价值变动百分比　（%）

收益率	收益率变动	5 年	10 年	15 年
8.0	-20.00	7.99	13.42	17.12
9.0	-10.00	3.89	6.42	8.06
10.0	0.00	0.00	0.00	0.00
11.0	10.00	-3.69	-5.89	-7.19
12.0	20.00	-7.21	-11.30	-13.62

本章小结

1. 债券是指发行主体因资金短缺在资本市场上直接向社会筹措资金，并承诺在约定的时间内按照一定的比例向投资者支付利息，债券到期时偿还投资者本金的有效法律凭证。

2. 债券按偿还期限可分为长期债券、中期债券和短期债券；按债券是否记名可分为记名债券和不记名债券；按利率是否确定可分为固定利率债券和浮动利率债券；按募集方式可分为公募债券和私募债券；按计息方式的不同可分为零息票债券、一次还本付息债券、付息债券、单利债券、复利债券和累进利率债券；按发行主体可分为政府债券、金融债券和公司债券。政府债券又分为中央政府债券和地方政府债券。

3. 债券的性质主要包括：①债券作为证券资产的重要组成部分可以在证券市场自由流通和转让；②债券是面向公众筹集资金的一种手段；③债券是投资者为了获取一定的收益而出资购买的凭证；④债券的投资具有收益不确定性和风险性。

4. 债券的基本要素包括：①债券发行时的面值和规定的币种；②债券发行时的价格；③债券约定的偿还本金的期限；④债券的票面利率。

5. 债券的价值评估主要分为两类：上市交易债券的评估和非上市交易债券的评估。

6. 收益法评估资产的前提条件为：①被评估资产的未来预期收益必须是可预测的并且可以进行货币衡量；②资产所有者所承担的风险也必须是可预测的并且可以进行货币衡量；③被评估资产的未来预期收益的持续年

限也是可以预测的。

7. 收益法评估资产的基本程序为：①收集与被评估资产未来预期收益相关的资料和数据，了解被评估资产的经营环境，测算被评估资产的财务状况，评估被评估资产的市场形势和经营风险等；②预测被评估资产的未来预期收益；③确定被评估资产的折现率；④采用折现率将被评估资产的未来预期收益折算成需要支付的现值；⑤分析、比较并最终确定被评估资产的评估价值。

8. 收益法的基本参数指标包括未来预期收益额、折现率和资产的未来预期收益年限。

9. 债券的价值主要受到债券利息率、债券到期期限和收益率变化的影响。

章后习题

重要概念

债券　债券面值　债券票面利率　债券到期日　零息债券　长期债券　短期债券　零息票债券　一次还本付息债券　付息债券　单利债券　复利债券　累进利率债券　收益法　收益额　折现率　收益年限　零息债券　永久性债券

一、简答题

1. 债券主要有哪些类别？

2. 债券的主要性质有哪些？

3. 债券的基本要素包括哪些？

4. 债券的价值评估计算有哪些方法？它们的主要差别是什么？

5. 收益法评估资产的前提条件有哪些？

6. 收益法评估资产的基本程序有哪些？

7. 债券的价值主要受到哪些要素变化的影响？这些要素对债券价值的影响具体表现在哪些方面？

二、计算题

（一）可上市债券的价值评估

1. 甲公司持有乙公司债券的面值总额为 500000 元，为乙公司发行的

10 年期到期一次偿还本金和利息的债券，年利率为 8%，单利计算，评估基准日距到期日还有 6 年，当时的银行利率为 10%，通货膨胀率为 4%，计算该债券的评估值。

2. 甲公司持有乙公司债券的面值总额为 500000 元，债券 10 年到期，乙公司每年按 8% 支付一次利息；若银行利率为 10%，通货膨胀率为 4%，计算该债券的评估值。

3. 甲公司持有乙公司债券的面值总额为 20000 元，债券 5 年到期后乙公司承诺支付给甲公司的利息为本金的 20%；若银行利率为 8%，通货膨胀率为 4%，计算该债券的评估值。

（二）收益法

4. 假设甲企业还能继续经营 3 年，其间的营业收益全部用于抵债，现评估甲企业 3 年经营收益的折现额。预测甲企业 3 年内各年的预期收益分别为 200 万元、300 万元和 100 万元，折现率为 5%，求甲企业的资产评估价值。

5. 假设甲企业资产预计在未来 5 年的收益额分别是 8 万元、10 万元、12 万元、14 万元和 13 万元。假定从第 6 年开始，以后各年收益额均为 13 万元，确定的折现率和资本化率均为 12%。求甲企业资产在持续经营下的评估价值、甲企业 30 年收益的评估价值。

（三）非上市交易债券的价值评估

6. 某评估公司对甲企业持有的乙公司债券进行评估，债券的账面余额为 60000 元，为乙公司发行的 5 年期到期一次偿还本金和利息的债券，年利率为 10%，单利计算，评估基准日距到期日还有 3 年，当时的国库券利率为 4%。经评估公司调查，发现乙公司的盈利能力良好，故设置 2% 的风险报酬利率，无风险报酬利率以国库券利率为准，计算该债券的评估值。

7. 沿用第 6 题的资料，假定乙公司债券每年支付一次利息，债券到期一次还本。计算该债券的评估值。

8. 甲公司发行的债券面值为 5000 元，票面利率为 3%，每半年支付一次利息，偿还期为 15 年，该债券为到期一次还本付息债券，折现率为 10%，求甲公司债券的评估值。

9. 假设甲公司发行的债券面值为5000元，票面利率为6%，每半年支付一次利息，偿还期为15年，该债券为到期一次还本付息债券，折现率为12%，求甲公司债券的评估值。

（四）零息债券的价值评估

10. 假设甲公司发行的债券面值为5000元，偿还期为15年，票面利率为5%，该债券为到期一次还本付息债券，按照复利计息，采用折价发行。如果债券持有人期望的收益率为12%，求甲公司债券的评估值。

（五）永久性债券的价值评估

11. 假设甲公司发行永久性债券，债券面值为5000元，公债的年利率为6%，折现率为12%，求甲公司永久性债券的评估值。

（六）债券价值波动性分析

12. 假设有甲企业和乙企业两种债券，债券的面值均为1000元，期限为5年，甲企业的票面利率为5%，乙企业的票面利率为9%，如果初始收益率均为9%，求解两种债券分别在收益率为6%、7%、8%、10%、11%和12%的情形下，甲企业和乙企业债券价值的变化。

第三章　股票价值评估

章首导言

股票是股份公司发行的所有权凭证，是股东借以取得股息和红利的一种有价证券。伴随着我国资本市场的快速发展，多层次股权交易市场逐渐形成，越来越多的企业或个人开始进行股票投资，用积累起来的货币购买股票，借以获得收益。股票的收益来自“股利收入”和“出售时的价格”，因此，股票的内在价值由一系列股利的现值和将来出售股票时售价的现值构成。股票的市场价格是资本市场上买卖股票的成交价格。在证券市场发育相对成熟的条件下，在某种程度上可以把市场价格直接作为股票的评估价值。

本章分别对普通股和优先股的评估进行介绍，普通股属于权益型证券，优先股属于混合证券，由于二者特性不同，应该选择不同的评估方法。在普通股评估中，考虑到上市的普通股和非上市的普通股具有不同特征，因此对其评估也分别予以介绍。

本章知识结构图

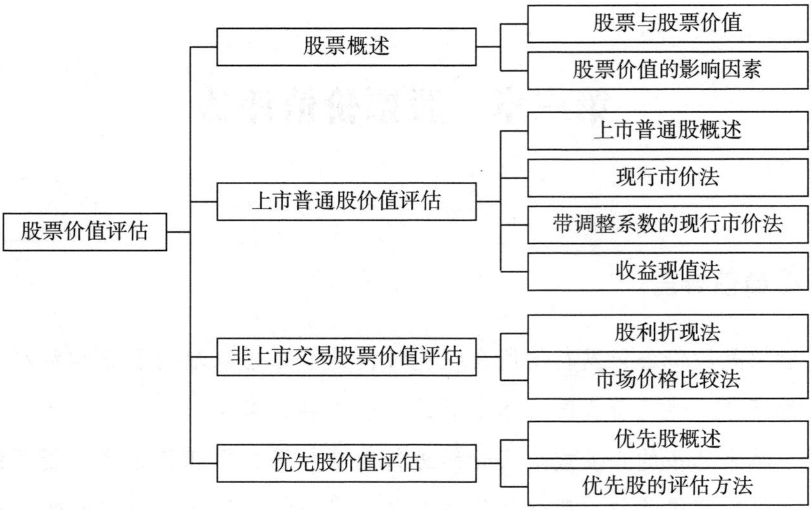

第一节　股票概述

一、股票与股票价值

（一）股票

股票是股份公司发行的所有权凭证，是股东借以取得股息和红利的一种有价证券，股票持有者即该公司的股东，对该公司财产有要求权。

股票可以按照不同的标准进行分类：按股东享有的权利不同，分为普通股和优先股；按票面是否标明持有者姓名，分为记名股票和不记名股票；按投资者是否能向股份公司赎回自己的财产，分为可赎回股票和不可赎回股票；按股票票面是否写明入股金额，分为有面值股票和无面值股票。

（二）股票价值

股票价值，即股票本身的内在价值，是指股票预期能够带来的所有未来现金流量的现值。股票带给持有者的现金收入包括两部分，即股利收入和出售时的价格。股票的内在价值由一系列股利的现值和将来出售股票时价格的现值构成。

股票的价值包括内在价值、市场价值和清算价值。股票的价值评估与股票的内在价值、市场价值和清算价值有着较为密切的联系。

股票的内在价值是一种理论价值，也可以称为模拟市场价值，它是把专业人员预测的股票未来收益折现后得到的股票价值。股票的内在价值主要取决于公司的财务状况、管理水平、研发能力、未来发展潜力以及公司面临的各种风险。

股票的市场价格指的是资本市场上股票交易的成交价格。在证券市场发育比较成熟的条件下，股票的市场价格基本可以视为市场对该公司股票内在价值的一种客观评价，在某种程度上可以直接把市场价格作为股票的评估价值。但这并没有考虑到影响股票价格的其他因素。市场上股票的实际交易价格除了受到股票收益和市场收益率的影响之外，还受到股票市场供求关系等因素的影响。当证券市场尚未发育成熟时，股票市场的投机性较强，股票的市场价格就不能完全代表其内在价值。因此，在进行评估时就不能不加分析地将其市场价格作为股票的评估值。在评估过程中，必须综合考虑各种影响因素，从而得出更加合理的结论。

股票的清算价值为公司清算时公司净资产的价值与公司股票总数的比值。当公司因经营不善或者其他原因被清算时，则该公司的股票价值为清算价值。

二、股票价值的影响因素

影响股票价值的因素比较复杂，下面从四个方面展开分析，即企业层面、行业层面、宏观经济层面和其他层面。

（一）企业层面影响因素

股票的价值，首先要受到发行企业内部各种因素的影响，公司的经营状况、财务状况、利润水平和收益分配政策等都会影响企业的盈利能力和发展前景，从而影响股票的预期未来收益。预期收益的大小决定了股票内在价值的大小，因此，企业层面的因素是决定股票市场价值的基础性因素。具体而言，企业层面的因素主要包括以下几个方面。

1. 企业的经营状况

企业的经营状况决定了其当前的利润水平，由于股息和红利是从税后利润中提取的，股东一年的股息和红利的多少与公司税后利润的大小密切相关。在一个会计年度结束以后，只有实现盈利的公司才能分红与派息，盈利越多表示企业可用于分配股息和红利的税后利润就越多，进而投资者获得股息和红利的金额就可能越大。另外，公司的经营状况也会影响公司在整个行业的竞争地位和竞争能力，影响公司的声望，进而影响人们对股票本来盈利能力的预期。

2. 企业的财务状况

企业的财务状况体现在各种财务指标和财务比率上，主要包括企业的短期偿债能力、长期偿债能力、资产管理水平、盈利能力、成长能力和市场价值等指标，是分析和比较企业行为差异的基础，也是反映企业未来发展前景的重要指标。财务分析的主要对象是财务报表，其主要内容是资产负债表、利润表和现金流量表。

3. 企业的收益分配政策

企业的股利政策影响着股息与红利的发放。在上市公司取得盈利之后，其税后利润一方面可以用于向投资者派息与分红，另一方面也可以用于补充公司的资本金，以求进一步的发展。如果企业的股息政策倾向于企业的长远发展，则有可能将较多的利润转为资本公积金，而将较少的利润用于分红派息或不分红。

4. 企业的未来发展前景

对企业的未来发展前景的分析主要考虑股票的成长性，成长性好的股票意味着更多的分红。这样的股票在股票市场上往往容易成为大家追捧的对象，而成长性差或者不稳定的股票行情则一般比较短暂。

企业未来发展前景的影响因素主要有两个方面：一方面是企业内部因

素，主要包括企业的竞争地位和竞争能力、企业的技术创新和产品开发实力，以及企业的发展战略等；另一方面则是外部因素，包括企业所处行业的情况、宏观经济状况等。

（二）行业层面影响因素

企业所处行业的状况也是影响股票价值的重要因素，整个行业的状况会直接或间接地影响行业中各个企业的经营情况、水平和发展前景等，进而影响企业股票的价值。行业层面的影响因素可以从以下几个方面进行分析。

1. 行业性质

一般而言，如果企业所处的行业是发展潜力大的朝阳行业或新兴行业，对投资者的吸引力就比较大，这些企业的股价相对更高或者上涨潜力较大；而如果企业所处的行业是那些发展潜力小的夕阳行业或传统行业，对投资者的吸引力就小，股价相对就低或者比较平稳。当然，一个行业是朝阳行业还是夕阳行业要具体问题具体分析，同一行业在不同国家所处的发展阶段可能会有所不同。

2. 行业政策

政府对企业所处行业的态度以及实施的行业相关政策也会对股价产生影响。行业政策可以分为支持性行业政策和限制性行业政策。支持性行业政策除包括贷款、税收等方面的优惠政策之外，还包括政府设定的行业进入壁垒，政府会给予先期进入行业的企业以保护。优惠和支持政策的出台，往往会引起相关行业中各公司股票价格的上涨；反之，政府对行业的限制性政策则会使相关股票价格下跌。

3. 行业生命周期

一个行业的生命周期大致可以分为开创期、成长期、成熟期、衰退期四个阶段。在开创期，整个行业的生产量和消费量都比较小，前景并不明朗，因此股价就会波动较大；在成长期，行业规模开始扩张，企业规模不断扩大，股价也会进入一个不断上升的阶段；在成熟期，整个行业的生产和消费变得基本稳定，生产开始标准化，企业规模趋于稳定，利润上升速度下降，在这一阶段，股价也相对稳定，一般不会因为行业出现状况而产生大的起伏；在衰退期，生产规模成长基本停滞，品牌竞争转向价格竞争，企业利润空间减小，在这一阶段，大多数企业会开始考虑转型，股价也重新进入波动较大的阶段。

4. 相关行业

相关行业是指其产品与该行业产品有替代或者互补关系的行业。一方面，如果具有替代性的相关行业发展迅速，则该行业就会受到压制，股价走低；另一方面，如果具有互补性的相关行业有较大的发展，则会拉动该行业发展，使股票上涨。

（三）宏观经济层面影响因素

宏观经济环境会直接或间接地影响公司的利润水平和发展前景等，从而影响公司股票的价值。具体而言，宏观经济层面的影响因素可以从以下几个方面加以分析。

1. 经济周期变动

经济周期（Business Cycle）是指经济活动沿着经济发展的总体趋势所经历的有规律的扩张和收缩，是国民收入或总体经济活动扩张与紧缩的交替或周期性波动变化。宏观经济的表现会直接影响整个社会的生产和消费，并作用于每个微观经济主体。经济周期一般可以分为繁荣、衰退、萧条和复苏四个阶段，相应地，股票价格的变动分别表现为下跌、见底、上涨、见顶四个阶段。经济周期虽然并不具有完全的可预测性，也没有一致的理论解释，但总体上看还是有规律可循的。经济周期是一种综合的宏观环境，不可避免地会对企业股票的价值造成影响，同时经济周期的阶段性也会影响社会投资者的信心和预期，因而在评估时应该予以考虑。

2. 宏观经济政策

宏观经济政策主要包括财政政策和货币政策等。财政政策（Fiscal Policy）变化引起的财政扩张或紧缩往往会引起股票市场总体形势走高或走低，相应地影响个股价格的上涨或下跌，当然这种影响的大小还要看该股走势与整个市场走势相关度的大小，也就是其 β 系数的大小。此外，财政政策和税收政策往往会影响企业的业绩。货币政策（Monetary Policy）的作用首先体现在对利率和货币供应量的影响上，然后通过利率与货币供应量的变化作用于股价。股价的涨跌往往与货币供应量的增长或减少呈正相关关系，而与利率上升或下降呈负相关关系。这些宏观经济政策都会直接或间接地对股价造成影响。

3. 汇率和国际收支水平

除受国内宏观经济状况的影响之外，国际经济形势也是影响股价变动的重要因素。国际经济形势的影响主要通过本国货币的汇率和国际收支变动产生。一般来说，本币看跌时会引起股价下降，反之，本币看涨时会引起股价上升。在开放经济中，利率变化还会影响外国投资者的行为，本币看跌时，持有本国股票的外国投资者为防止汇率损失，可能会出售股票，引起股价下跌。当国际收支出现顺差时，会刺激经济增长，使股价上涨；反之，当国际收支出现大规模逆差时，则人们购买股票的热情会受到抑制，股价就会下降。

（四）其他层面影响因素

1. 政治与法律因素

稳定的政治环境是经济正常发展的重要保证，因此政治因素也是影响股票市场整体走势的重要方面。政治因素主要包括战争、政权变动、领导人更替、国际经济形势变化，以及其他突发事件，如罢工、劳资纠纷和自然灾害等。这些因素可能对股市造成突然袭击，而且往往更加难以预测。

2. 市场因素

市场因素包括投资者的动向，特别是大投资者的意向和买卖行为对股价的影响很大；公司间的合作或相互持股、投机者的套利行为会造成股票的大量购进或抛出，引起股价大幅涨跌；市场中一些保证金交易规模巨大，对股价的冲击也较大。

3. 心理因素

投资者的心理状况也会影响股票价格。主观或者客观因素都会对人们的心理状况产生影响，尤其当投资者缺乏预期判断能力时，心理状态不稳定，往往容易追随大投资者的投资行为，引致抢购或抛售风波，从而对股价造成影响。

以上几类因素中，企业内部因素是决定股价大小的基础性因素，产业因素是预测股价未来走势的主要因素，宏观经济因素则是最重要的外部制约因素，其他因素主要供分析参考。股价的变动一般很难说是某一个因素影响的结果，在对股票的评估中，应对各种影响因素进行全面的综合分析，以便较准确地把握股票价格的变动趋势和幅度，正确地判断股票投资预期报酬的大小与风险性，从而得出较合理的评估值。

第二节　上市普通股价值评估

按照股利流入形式的不同，一般将股票评估分为普通股评估和优先股评估两种，而普通股评估可以分为上市普通股评估和非上市普通股评估两种情况。本节将介绍上市公司普通股的评估方法。首先简单介绍上市普通股的一些相关特征，其次分别介绍可以用于评估上市普通股价值的现行市价法和收益现值法。

一、上市普通股概述

上市普通股是指企业公开发行的、持有者可依法在股票交易市场上进行自由交易的，享有普通权利、承担普通义务的股票。作为一种可交易的商品，上市普通股在正常情况下随时都有一个市场价格，即股票市价。

购买并持有上市普通股可能带来的收益主要由两部分组成：一是股息红利收益，即股利；二是资本收益，即买卖价差。红利收益大小取决于公司的经营状况，而买卖价差收益完全取决于股票行市的波动。

股票收益会随着公司的经营状况和市场股价的波动而变化，而这两个方面都具有不确定性，在评估中应该注意分析各种可能影响股票收益的因素。这些因素包括本章第一节提到的影响股票价值的所有因素，其中在评估中最值得注意的是市场内部的各种因素，如股市总体景气状况、公众对股市的普遍心理等。这些因素的变动往往很大，而且直接影响股票的市价，在评估中要注意充分考虑这些因素，针对市场情况对评估价值进行调整。

对于不同的投资者，股票收益的这两个部分对他们的影响是不同的。对于那些以长期投资为目的的投资者来说，他们比较注重股利收益这部分；对于那些并不想长期投资于某个公司，而是进行短期操作的投资者来说，价差收益就是最重要的。因此，在上市普通股股票的评估中，针对投资者不同的投资目的，也应该有不同的评估方法。

二、现行市价法

现行市价法是评估上市普通股的最基本方法。上市普通股可以在资本市场公开进行交易，具有市场价格，基于可变现原则，可以采用现行市价法进行评估。上市普通股具有较强的流通性，可以随时变现，因此可以认为普通股的股票价值与其市场价格具有一致性。对于一般上市普通股的评估而言，现行市价法是一种很好的方法，简便易行且易于理解。

（一）使用现行市价法的前提

现行市价法的运用需要满足一定的前提条件。

1. *有效市场假设*

有效市场假说认为，在法律健全、竞争充分、透明度高的股票市场中，一切有价值的信息已经及时、准确、充分地反映在股价走势当中。在这种情况下，股票的价格与价值相符合，价格已经反映了所有的信息。在有效市场中，一个利好消息或利空消息刚刚传出时，股票的价格就开始异动，当它已经路人皆知时，股票的价格已经涨或跌到适当的价位了，即当信息发生变化时，股票的价格就会随之变动。

有效性的强弱依赖于市场信息的可利用性和市场的竞争性。发达的金融市场中存在着大量的相互竞争的投资中介机构，这些机构会收集市场信息，并利用各种技术进行分析。由于市场是高度竞争的，那么收集的信息越完整有效，做出判断越准确的中介机构就越能吸收更多的资金，其投资行为对市场价格的影响就越大。因此，市场形成的均衡价格所包含的信息和对未来价格预期的准确性就远远高于所有市场参与者预测估计的平均水平。这样，通过高度竞争化的投资中介机构的参与，市场就具备了均衡价格的发现功能和形成功能。

具体而言，市场的有效性意味着股票市场发育良好，具有完备的相关法律法规体系，有健全的信息网络体系等。在一个有效的市场中，当前市场对股票的定价也是有效的，市场价格正是未来收益的完全体现，因而可以使用当前市价作为股票的评估价格。

2. 非长期性投资假设

非长期性投资的假设是用来满足实际变现原则的，即股票应具有随时变现的能力，持有者的目的只是将股票作为一种金融工具进行投资。这意味着现行市价法只适用于评估短期持有，而且随时准备出售的持有者的股票。当投资者的目标是长期持有，或者持有份额已经足够影响被投资公司的经营和发展时，就要考虑采用其他的评估方法。

（二）评估计算公式

使用现行市价法对上市普通股进行评估，在假设交易佣金、税金等费用可以忽略的情况下，可以简单地将持有股票的总股数与每股股价在评估基准日的市场交易价格的乘积作为股票的评估价值。其计算公式为：

$$V = N \times P \tag{3-1}$$

其中，V 表示股票评估价值；N 表示持有股票的数量；P 表示每股股票在评估基准日的市场交易价格。

每只股票在每个交易日会产生四个价格，即开盘价、收盘价、最高价、最低价，实践中，一般采用收盘价作为评估基准日的市场交易价格。在收盘价之外，也有人主张用当日的加权平均价格，或者在加权平均价格上加一个调节量来抵消股价的波动性。这些方法都有其合理性，在评估中可以结合评估目的考虑是否采用。由于前面已经对这个方法设定了很严格的前提，因而在这里一律采用收盘价。

【**例 3-1**】A 公司持有 B 公司上市普通股 50000 股，该股在评估基准日的收盘价为每股 11.4 元，请计算 A 公司所持 B 公司普通股的评估价值。

解： A 公司所持 B 公司普通股的评估价值 $V = 50000 \times 11.4 = 570000$（元）

三、带调整系数的现行市价法

（一）相关概念

需要注意的是，使用现行市价法需要具备的前提条件之一，为股票市场是一个有效或者强有效市场。实际上，这个假设的要求很高，它要求市场价格已经反映了所有的信息，既包括以前的价格信息，也包括所有专家对企业和经济形势的预测。但在一些国家或地区，股票市场并不完全具备这些条件，企业财务包装的现象严重，投资中介机构的专业能力还不够强，市场很难说是一个强有效的市场。在这种情况下，股票的市场价格波动更加缺乏理性，也许并没有反映所有的信息，即可能有已知信息说明股价会产生某种变动，这样用现行市价法进行评估就缺乏足够的说服力。最简单的改进方法就是在现行市价法评估公式的基础上加一个调整系数 E。

带调整系数的现行市价法仍旧以现行市场价格为评估基础，然后根据市场情况确定调整系数 E 的大小，显然，上面所讲的现行市价法可以看成这种方法的一个特例。

（二）评估计算公式

使用带调整系数的现行市价法对上市普通股进行评估，其计算公式使用现行市价法：

$$V = N \times P \times E \tag{3-2}$$

其中，E 表示调整系数，其余符号的含义同式（3-1）。

式（3-2）中最重要的就是 E 值的确定。从理论上讲，E 值可以取零到无穷大之间的任何数值。但一般而言，当股市总体上处于迅速上升时期时，E 值应取在 1 以下；当股市处于不正常的下跌期时，股价下跌与上市公司经营业绩不相符，股价甚至跌至净值以下，E 值应取在 1 以上；当股市正常运行，有效性很强时，E 值可以取 1，此时式（3-2）就变成了式（3-1）。显然，E 值的确定过程也就是对股价未来走势的预测过程。

为了提高评估的科学性与合理性，评估前应认真收集和分析有关的信息资料，综合运用基本分析法和技术分析法。基本分析法着重于对一般经济情况、行业动态以及各个上市公司的财务指标、经济实力、发展潜力和盈利能力等因素进行分析，以此来判断被评估股票的内在价值，据以衡量股价的高低，分析指标就是与此相关的一些指标，如经济金融统计的数据、股票账面价值、股票的市盈率，以及股票发行企业所处行业的平均市盈率等。技术分析法是相对于基本分析法而言的，透过记录的技术指标，研究市场过去及现在的行为反应，以推测股票未来价格的变动趋势。其依据的技术指标主要是由股票价格、交易量、涨跌幅度等数据计算而得到的。技术分析法不考虑会对其产生某种影响的经济、政治方面等各种外部因素，只关心证券市场本身的变化。它认为影响市场的因素已经反映在市场价格的走势上，因而可以根据历史的价格变动情况来预测未来价格变动的可能趋势。

简单而言，在确定调整系数的大小时，首先应该对股票的内在价值进行分析，因为这是确定股票市场交易价格的基础，然后结合技术指标对股票价格的未来走势做出预测。在此基础上，再慎重地考虑是否对股票价格进行调整，以及调整的幅度，即确定调整系数 E 的大小。

【例 3-2】 A 公司持有 B 公司上市普通股 10000 股，该股在评估基准日的收盘价为每股 8.2 元。评估时政府连续出台利好政策，股市连续高涨，根据历史资料计算出该股的 β 系数为 1.05，评估人员认为该股价格走势与市场相关性较大，因此，股票市价与上市公司实际经营业绩比较明显偏高，建议调整系数 E 取值 0.85，请计算 A 公司所持 B 公司的上市普通股的评估值。

解： $V = N \times P \times E = 10000 \times 8.2 \times 0.85 = 69700$（元）

四、收益现值法

（一）相关概念

使用现行市价法对上市普通股进行评估，一个前提条件是要求投资者进行的是短期投资，股票随时准备变现。实际中，一些投资者以长期投资为目的持有股票，有的甚至持有较大比例的股份，已经足以影响被投资公司的经营决策和发展战略。在这种情况下，现行市价法就不是一种合理的评估方法了。因为现行市价法的评估值是以该股票的可变现市价为基础的，而股票的市场价格要受到大盘气候、市场供求关系等因素的影响，波动较快，而且随着期限变长，对股价的预测会越来越难，也越来越不准确，现行市价与作为长期投资的股票的最终转换价格的相关度也越来越小，不能反映该种股票的长期持有价值。

这时可以以该股票将给持有者带来的预期收益作为对长期投资股票评估的基础，使用收益现值法进行评估，将未来各期的预期收益以某一个资本化比率进行折现，以未来预期收益的现值作为评估值。

（二）评估计算公式

使用收益现值法对上市普通股进行评估，每股价值计算公式为：

$$P = \frac{D_1}{1+r} + \frac{D_2}{(1+r)^2} + \frac{D_3}{(1+r)^3} + \cdots + \sum_{t=1}^{n} \frac{D_t}{(1+r)^t} \qquad (3-3)$$

其中，P 表示每股股票未来收益的折现值；D_t 表示第 t 年的股票预期收益额；r 表示折现系数；n 表示持有期限；t 表示第 t 年。

式（3-3）的操作难度是显而易见的。首先，所有的 D_t 都是对未来情况的一个预期，也就是所谓的事前的（Exante）预期收益，而实际上只有历史的或事后的（Expost）收益才能被观察出来，未来发生的各期实际收益肯定会与现在的事前预期有所差别，加大了评估的难度。而且在预测过程中，不同的分析眼光和分析方法对公司前景会有不同的预测判断，所得的结论往往也有所不同。其次，折现系数 r 即市场资本化率的确定也是一个难题。理论上，因为市场对这只股票收益的预期肯定常常会发生变化，所以每一期的预期收益都应该有不同的折现系数，但实际上往往取一个统一的 r，这也会造成评估的不准确。

实际上，为了增加预测的科学性，式（3-3）又有几个变体，由于收益现值法较多地被用于对非上市普通股的评估中，将在下一节对其进行更详细的叙述。

【例 3-3】 A 公司持有 B 公司上市普通股 20000 股，每股面值 1 元。根据 B 公司各种公开数据和资料可以看出该公司管理良好，经营稳健，各财务指标健康。据预测，该股今后5年每股红利依次为10元、12元、14元、15元、16元。预计5年之后公司增长速度会变缓，进入稳定期，因此5年之后的红利一律按15元计算。评估时，市场资本化率取无风险利率和该公司风险报酬率的和，无风险利率按一年期国库券利率11%计算，由于该公司经营稳健，故风险报酬率按2%计算。求A公司所持B公司上市普通股的评估价值。

解： 首先，计算A公司所持B公司上市普通股每股股票价值：

$$P=\frac{10}{(1+11\%+2\%)}+\frac{12}{(1+11\%+2\%)^2}+\frac{14}{(1+11\%+2\%)^3}+\frac{15}{(1+11\%+2\%)^4}+\frac{16}{(1+11\%+2\%)^5}+\sum_{t=6}^{\infty}\frac{15}{(1+11\%+2\%)^t}$$

$$=8.85+9.40+9.70+9.20+8.68+15\div 13\%\times(1+11\%+2\%)^{-5}$$

$$=108.46\ (元)$$

A公司所持B公司上市普通股的总评估价值为：

$$V=N\times P=20000\times 108.46=2169200\ (元)$$

本节介绍了上市普通股评估的几种方法，由于上市普通股有市场价格，基于实际变现原则，可以将现行市价法作为上市普通股评估的最基本方法。同时，直接将股票的现行市场价格用于评估中需要满足的一定的前提条件，相应地，当现行市价法的前提得不到满足时，应当采用其他的评估方法来完成评估。

第三节　非上市交易股票价值评估

非上市普通股是对上市普通股之外的所有普通股的统称，既包括非上市公司发行的股票，也包括上市公司股票中的国家股和法人股，这些股票与上市普通股相比，最大的不同就是没有市场价格。

非上市普通股是世界上也是我国发行量最多、比重最大的一种股票。

作为普通股，其持股者在股东权利上没有限制，股票的未来收益也不固定。非上市普通股发行之后，其实际价值不仅与其面值相背离，而且不等同于其发行价格，更没有现行市价。因而通常要以其预期收益作为评估的计算基础，采用未来预期收益折现的方法确定其评估值。

股票收益会随着公司经营状况的变化而变化，具有不确定性，为了使评估结果更加准确，应该注意分析各种可能影响股票收益的因素。在实际评估之前，要全面、充分地了解和分析企业的经营情况、财务状况、发展前景及其他相关的信息。股票净值是企业以往和现在的经营业绩和财务状况的体现。股票内在价值是企业发展前景和未来获利能力的写照。对净值的核实和对内在价值的测算，是分析股票价值内部影响因素的关键，也是确定股票评估值的基础。同时，还应全面分析影响股票价值的外部环境因素，掌握社会平均利率、行业平均收益率、银行利率、国债利率等参考资料，分析和确定被评估股票的风险程度和相应的风险报酬率水平。

进一步考虑，正是由于非上市普通股没有市场价格，一般采用收益现值法评估。如果能为其找到一个市场价格或者找到一个与其性质相类似的上市普通股的市场价格，就可以利用这个价格对其进行评估，这种方法就是所谓的市场价格比较法。下面将分别论述这两种方法。

一、股利折现法

针对股票未来红利的特点作进一步分析，可以将式（3－3）细化成三个模型：红利固定模型、红利稳定增长模型和分段式增长模型。

（一）红利固定模型

红利固定模型是指该股票的未来预期收益保持不变，即 D_t 在各期取固定的数值，这个模型也被称为“零增长模型”。

选用红利固定模型对非上市普通股价值进行评估有一个基本前提：被评估的股票经营状态稳健、财务状况良好，能够基本保持股息红利水平的稳定性。在这个前提下，可以认为未来各期的预期收益等值或基本相同。将 D_t 在各期取固定的值，就可以得出评估值。

其基本计算公式为：

$$P = \sum_{t=1}^{\infty} \frac{R}{(1+r)^t} = \frac{R}{r} \tag{3-4}$$

其中，P 表示每股股票未来收益的折现值；R 表示第 t 年的股票预期收益额；其他符号的含义同前。

式（3－4）实际上是式（3－3）的一个特例，视 D_t 为年金而改为 R，将未来每年固定的红利作资本化处理。

【例3－4】 假设被评估企业拥有C公司的非上市普通股100000股，每股面值1元，在持有期间，每年的收益率一直保持在15%左右。经评估人员了解分析，股票发行企业经营比较稳定，管理人员素质高、管理能力强，在预测该公司以后的收益能力时，按稳健的估计，今后若干年内，其最低的收益率（收益与股票面值的比率）仍然可以保持在12%左右。评估人员根据该企业的行业特点及当时宏观经济运行情况，确定无风险报酬率为4%（国库券利率），风险报酬率为2%，则确定的折现率为6%。计算被评估企业持有的C公司普通股的价值。

解： 被评估企业持有的C公司普通股的价值为：

$$V = N \times \frac{R}{r} = 100000 \times 12\% \div 6\% = 200000 \text{（元）}$$

（二）红利稳定增长模型

红利稳定增长模型是指股票的红利按照固定的增长率逐年增长，假设这个增长率为 g，那么式（3－3）中的 D_t 就可以通过如下公式得到：

$$D_t = D_1(1+g)^{t-1} \tag{3-5}$$

其中，D_1 表示该股票基期的红利；g 表示该股票每年红利的增长率；其余符号的含义同前。

选用红利稳定增长模型的基本前提是股票的发行公司属于成长型公司，股票的红利可以保持稳定增长的趋势。这意味着股票发行公司奉行积累发展战略，将部分企业盈余用于追加投资，使公司盈利与股票收益得以相应增长。

使用红利稳定增长模型确定非上市普通股的红利每股未来收益的现

值，其计算公式为：

$$P = \sum_{t=1}^{\infty} \frac{D_1(1+g)^{t-1}}{(1+r)^t} = \frac{D_1}{r-g} \qquad (3-6)$$

式中符号的含义同前。

式（3－6）也是式（3－3）的一个特例，将式（3－3）中的D_t视为按固定增长率增长，所有的D_t都用D_1和g表示，就可得到式（3－6）这个模型。特别地，当$g=0$时，红利稳定增长模型就成为红利固定模型。式（3－6）中的模型就是著名的戈登（Gordon）模型。

g值的确定是红利稳定增长模型的关键，常用方法有以下两个：

（1）历史数据分析法。即在对企业红利分配的历史资料进行分析的基础上，采用统计方法计算出股票红利的平均增长速度，以此作为红利的稳定增长率g。

（2）发展趋势分析法。即根据股票发行公司确定的盈余分配政策，将企业的净资产利润率与企业盈余中用于再投资的比例的乘积作为红利增长率。因而在评估中，应该首先确定净资产利润率，即用盈余投资的收益率，这部分新增投资的收益是维持红利稳定增长的真正原因。

【例3－5】甲企业拥有非上市公司乙公司的普通股股票20万股，每股面值1元。该股票在评估基准日起的1年里将按每股0.10元支付股利。乙公司每年以净利润的60%用于发放股利，其余40%用于追加投资。根据评估人员对企业经营状况的调查分析得出，该行业具有发展前途，该企业具有较强的发展潜力。经过分析后认为，乙公司至少可保持3%的发展速度：净资产收益率将保持在15%的水平，无风险报酬率为4%，风险报酬率为3%。计算甲企业持有的乙公司普通股的价值。

解：g＝税后利润留存比例×净资产收益率＝40%×15%＝6%

资本化率r＝4%＋3%＝7%

甲企业持有乙公司普通股的评估价值为：

$V=N\times P=N\times R/(r-g)=200000\times0.10\div(7\%-6\%)=2000000$（元）

（三）分段式增长模型

红利稳定增长模型为评估成长型公司发行的普通股提供了思路，然而多数公司无法永远保持高增长，应在一个高速增长阶段之后过渡到另一个速度或者进入稳定增长阶段。确定这种公司股票价值的方法可以采用分段式增长模型。

分段式增长模型可以用于任何具有两个或两个以上不同发展阶段公司的股票价值的确定。以两阶段增长模型为例，首先可以将近期能预测收益的各年作为第一个阶段，把各年收益分别折现加总；其次将后期作为第二个阶段，按红利固定模型或红利稳定增长模型求值；最后将各阶段计算值相加得到评估值，或者对第一个阶段预测一个较高的增长率 g_1，对第二个阶段预测一个较低的增长率 g_2。两阶段增长模型是对红利稳定增长模型的精细化处理，可以使模型更加接近现实。

一般地，以 n 为分界，从第 1 期到第 n 期为第一个阶段，增长率取 g_1，从第 $n+1$ 期至无穷为第二个阶段，增长率取 g_2，因而得到用两阶段增长模型确定非上市普通股现值的计算公式为：

$$P = \sum_{t=1}^{n} \frac{D_1(1+g)^{t-1}}{(1+r)^t} + \frac{D_1(1+g_1)^n(1+g_2)}{(1+r)^n(r-g_2)} \qquad (3-7)$$

式中符号的含义同式（3－6）。

【例 3－6】 某资产评估公司受托对甲公司的资产进行评估，甲公司拥有某一公司非上市交易的普通股股票 10 万股，每股面值 1 元。在持有期间，每年股利收益率（股利除以股本）均在 15% 左右。评估人员对发行股票公司进行调查分析后认为，前 3 年可保持 15% 的收益率；从第 4 年起，一套大型先进生产线交付使用后，可使收益率提高 5 个百分点，并将持续下去。评估时国库券利率为 4%，假定该股份公司是公用事业企业，其风险报酬率确定为 2%，折现率为 6%，试计算该股票评估值（不考虑股权比例对股票价值的影响）。

解： V = 前 3 年收益的折现值 + 第 4 年及之后收益的折现值

$= 100000 \times 15\% \times (P/A, 6\%, 3) + (100000 \times 20\% \div 6\%) \times (1+6\%)^{-3}$

$= 15000 \times 2.6113 + 20\,000 \div 6\% \times 0.8396$

$= 39169.5 + 279866.67$

$= 319036$（元）

这一部分主要介绍了使用收益现值法对非上市普通股进行评估的三个细化模型：红利固定模型、红利稳定增长模型和分段式增长模型。总的来说，红利固定模型和红利稳定增长模型更多的是两个特征性的模型，代表了特定的纯粹类型的公司，但现实中的公司往往综合了很多特点，而且往往在不同的时期有不同的发展战略，因而这两个模型的使用范围有限；分段式增长模型相对较为客观，适用性较强。分段式增长模型需要对不同的阶段分别取不同的红利增长率进行评估。当然，模型的复杂化意味着要做出复杂得多的预测，对评估技术的要求也更高。

另外，在信息可用性方面，在对上市普通股的评估中，由于有各种信息披露的制度要求上市公司不断提供其经营、财务、管理等方面的信息，预测可依据的信息就多。而对于非上市普通股而言，由于股票发行公司没有上市，在评估时就没有这么多可用的信息，这也会影响评估的准确度。

二、市场价格比较法

（一）相关概念

市场价格比较法是指在市场上选择若干与评估对象相同或相似的资产作为参照物，通过比较评估对象与参照物的异同，根据各项价值影响因素对参照物的市场价格进行调整，再综合分析调整结果，确定被评估资产评估值的一种资产评估方法。

市场价格比较法可以分为两种形式：直接法和类比法。如果在公开市场上能找到与被评估资产完全相同的已成交资产的现行市价，则可以采用直接法，即以完全相同的已成交资产的现行市价作为被评估资产的现行市场价格。如果在公开市场上找不到与之完全相同的参照物资产，但在市场上能找到与之相类似的资产，则可以采用类比法。类比法是指将与被评估资产相似的资产作为参照物，进行必要的差异调整，确定被评估资产的价格。一般而言，类比法的适用条件有两个：一个是存在三个或三个以上具有可比性的参照物或相同的资产；另一个是价值影响因素明确并可以量化处理。

具体到非上市普通股的评估，如果发行公司是上市公司，同时还公开发行上市普通股股票，这些不能上市交易的普通股享有与可上市交易的普通股同样的权利，则可以使用直接法，直接采用上市普通股的交易价格作为评估基准价格，作适当的调整得出评估价格。如果发行公司属于非上市公司，则使用类比法，把处于同行业、规模类似、经营业绩类似的上市公司的上市普通股作为比较对象，在比较之后，将各个参照价格作适当调整、平均，得出评估价格。

（二）评估计算公式

当运用市场价格比较法对非上市普通股进行评估时，如果使用的是直接法，计算公式如下：

$$V = N \times P_m \tag{3-8}$$

其中，P_m 表示参照股票在评估基准日经过调整的市场交易价格；其余符号的含义同前。

对参照股票市场价格的调整可以参考前述上市普通股评估的内容。

如果使用的是类比法，假设取三只参照股票，计算公式如下：

$$V = N \times \frac{P_1 + P_2 + P_3}{3} \tag{3-9}$$

其中，P_1、P_2、P_3表示各参照股票在评估基准日经过调整的市场交易价格；其余符号的含义同前。

对参照股票市场价格的调整主要基于其与评估对象之间共同点的多少，既包括行业背景、企业经营上的因素，也包括时间因素、地域因素等。

【例3-7】A公司持有B公司普通股20000股，每股面值1元。B公司是上市公司，但A公司所持股票属于法人股，不能上市交易。B公司上市普通股在评估基准日收盘价为每股13.6元。经分析，评估时由于政府连续出台利好政策，股市连续上涨，根据历史资料计算出该股的日系数为1.05，可见股价走势与市场相关度较大，因此认为股票市价与上市公司实际业绩相比明显偏高，建议以0.85的系数进行调整。同时，由于A公司所持普通股不能直接上市交易，建议以0.9的系数作为其流动性损失的补偿。请计算A公司所持B公司普通股的评估值。

解：评估条件允许用直接法，可以直接将B公司上市普通股在评估基准日的收盘价作为参照价格，作调整后使用。

$$V = 20000 \times 13.6 \times 0.85 \times 0.9 = 208080\ (元)$$

本节介绍了非上市普通股评估的几种方法，由于非上市普通股没有市场价格，应将收益现值法作为评估非上市普通股最基本的方法。

使用收益现值法对非上市普通股进行评估有三个细化模型：红利固定模型、红利稳定增长模型和分段式增长模型。其中，分段式增长模型更加接近现实，相对较为客观，适应性较强。

由于收益现值法是建立在对未来的预测的基础上的，所有的收益都是不可观察的事前收益，因而可能产生较大偏差，而一个替代方法就是使用市场价格比较法，通过具有类似特征的上市普通股的价格来确定评估价格。

第四节　优先股价值评估

一、优先股概述

优先股是指具有优先权的股票。优先股有固定的股息率，并在分配红利和剩余财产时比普通股享有优先权。优先股也是一种无限期的所有权凭证，股东一般不能在中途向公司要求退股（少数可赎回的优先股例外）。

优先股的优先权主要表现在以下两个方面：

（1）优先分配利润。优先股股东按照约定的票面股息率，优先于普通股股东分配公司利润。公司应当以现金的形式向优先股股东支付股息，在完全支付约定的股息之前，不得向普通股股东分配利润。公司应当在公司章程中明确以下事项：①优先股股息率是采用固定股息率还是采用浮动股息率，并相应地明确固定股息率水平或浮动股息率计算方法；②公司在有可分配税后利润的情况下是否必须分配利润，如果公司因本会计年度可分配利润不足而未向优先股股东足额派发股息，差额部分是否累积到下一会计年度；③优先股股东按照约定的股息率分配股息后，是否有权与普通股股东一起参加剩余利润分配；④优先股利润分配涉及的其他事项。

（2）优先分配剩余财产。公司因解散、破产等原因进行清算时，应按照公司法和破产法有关规定进行清偿，然后根据剩余的公司财产，优先向优先股股东支付未派发的股息和公司章程约定的清算金额，不足以支付的，按照优先股股东持股比例分配。

优先股的主要特征有以下两个：

（1）优先股通常预先确定股息收益率，因此优先股的股息一般不会根据公司经营情况而增减。

（2）优先股股东的权利范围受限。优先股股东的表决权会受到限制，除以下情况外，优先股股东不需要出席股东大会，所持股份没有选举权和被选举权，对股份公司的重大经营无投票权：①修改公司章程中与优先股相关的内容；②一次或累计减少公司注册资本超过 10%；③公司合并、分立、解散或变更公司形式；④发行优先股；⑤公司章程规定的其他情形。上述事项的决议，除须经出席会议的普通股股东所持表决权的 2/3 以上通过之外，还须经出席会议的优先股股东所持表决权的 2/3 以上通过。①

二、优先股的评估方法

优先股实际上是介于普通股和债券之间的一种金融工具。由于优先股事先约定了股息率，其收益相对其他股票比较有保障，风险较小，因而具有准企业债券的性质。不过，它除了可以赎回或可转换成普通股的品种以外，没有明确的还本期或收回投资的可能，这又是永久性投资的特点，因而比企业债券的投资风险要大。由于其风险高于债券，相应地其股息率通常也高于债券。

理论上，对优先股的评估与其他股票评估一样，实质上是对其股票所代表的股权现时价值的评估，运用的基本方法是收益现值法。但在评估实

① 资料来源：《国务院关于开展优先股试点的指导意见》（国发〔2013〕46 号）。

践中应该具体分析优先股的特性，以确定到底选择什么样的评估方法。按照优先股有无上市可能，可将评估分为两类：一般优先股的评估和有可能上市的优先股的评估。这种分类方式体现了优先股的一个潜在特性，即它是否可能有一个市场交易价格。如果不可能有，按照收益现值法将未来每期的股息率折现即可；但如果有或者将来会有这样的价格，而且投资者有出售欲望的话，股息率就不能体现优先股将给持有者带来的全部收益，这时投资者的收益也变成了两部分：股息收益和股票上市后出售所得的资本收益。

（一）一般优先股的评估

优先股按照约定的票面股息率支付股利，其票面股息率可以是固定股息率或浮动股息率。公司章程中规定优先股采用固定股息率的，可以在优先股存续期内采取相同的固定股息率，或明确每年的固定股息率，各年度的股息率可以不同；公司章程中规定优先股采用浮动股息率的，应当明确优先股存续期内票面股息率的计算方法。

无论优先股采用的是固定股息率还是浮动股息率，都采用对未来股利进行折现的方法评估其价值，即采用股利的现金流量折现模型估值。当优先股存续期内采用相同的固定股息率时，每期股息就形成了无限期定额支付的年金，即永续年金，优先股则相当于永久债券。其估值公式如下：

$$P = \sum_{t=1}^{\infty} \frac{P_0 \times \alpha}{(1+r)^t} = \frac{P_0 \times \alpha}{r} \qquad (3-10)$$

其中，P 表示优先股的每股评估值；P_0 表示优先股的每股股票面值；α 表示优先股的股息率；r 表示折现系数；其余符号的含义同前。

【例 3-8】 某被评估企业甲公司持有乙公司优先股 500 股，每股面值 100 元，年股息率为 10%，评估时，国库券利率为 7%，评估人员经过调查分析，确定风险报酬率为 2%，该优先股的折现率（资本化率）为 9%。计算甲公司持有乙公司的优先股价值。

解： 甲公司持有乙公司优先股的价值为：

$$V = N \times \frac{A}{r} = 500 \times \frac{100 \times 10\%}{9\%} = 55555.56(\text{元})$$

（二）对可能上市的优先股的评估

对于有可能上市的优先股，其本身具有一定的市场特性，因此应当考虑到股票上市一般都会给投资者带来一部分超额收益，这部分收益应该在评估中予以反映。在持有者有转售意向的情况下，应该按预期收益的折现值加上预期变现价格的折现值作为评估价值。

根据这一类优先股的特性，其评估价值应该由固定股息的折现值和预期变现价格的折现值两部分组成。前一部分只要知道所持有优先股的股息率，就可以得到年股息额，然后将这一阶段的年股息额进行折现即可；而第二个部分则涉及对未来股价的预测，预测的准确性会直接影响评估结果的准确性，具体的预测方法可以参考前面关于普通股的论述。

假设被评估的优先股有上市的可能，且上市前优先股的持有时间为 n 年，则计算这种优先股的未来收益的现值的公式为：

$$P = \sum_{t=1}^{n} \frac{P_0 \times a}{(1+r)^t} + \frac{P_m}{(1+r)^t} \qquad (3-11)$$

其中，n 表示发行优先股的公司股票上市的年份；P_m表示 n 年后股票上市时的每股市场价格；其余符号的含义同前。

【例3-9】A 公司持有 B 公司发行的可转换优先股 20000 股，每股面值 100 元，年股息率为 12%，股息每年年终发放一次，B 公司股票未上市。但 B 公司正在积极筹划，预计三年后其股票可以上市，A 公司届时准备将所持优先股全部转让出售。据预测，B 公司股票上市后市价约 28 元。市场资本化率取无风险利率和该公司风险报酬率的和，无风险利率按一年期国库券利率 11% 计算，风险报酬率取 3%。求 A 公司所持 B 公司优先股的总评估值。

解： 首先计算 A 公司所持 B 公司优先股每股的评估值：

$$\begin{aligned} P &= \sum_{t=1}^{3} \frac{100 \times 12\%}{(1+11\%+3\%)^t} + \frac{28}{(1+11\%+3\%)^3} \\ &= 27.86 + 18.90 \\ &= 46.76\ (\text{元}) \end{aligned}$$

然后可计算出 A 公司所持 B 公司优先股的总评估值：

$$V = 20000 \times P = 20000 \times 46.76 = 935200\text{（元）}$$

由于优先股没有一个及时、灵活的市场价格，对其评估与对非上市普通股的评估一样，也是对其所代表的股权现时价值的评估，运用的基本方法是收益现值法。可以看出，这种方法应用在优先股的评估上比较方便，因为优先股已经预先设定好了股息率，不必再去预测，这就极大地提高了评估的准确性。

但是当优先股是可转换的，并且发行公司是上市公司或者即将成为上市公司，而持有人又愿意出售的话，则应该将未来的出售所得收益也折现到现在，作为评估值的一个组成部分，这时，股票的市场价格就被引入进来。进一步地，如果持有者并没有出售意愿的话，那么评估时将未来股息收益折现即可。

本章小结

1. 股票是股份公司发给股东的所有权凭证，是股东借以取得股利的一种证券，股票持有者即该公司的股东，对该公司财产有要求权。股票价值，即股票本身的内在价值，是指股票预期能够提供的所有未来现金流量的现值。股票带给持有者的现金收入包括两部分：股利收入和出售时的价格。

2. 股票的价值受到多方面因素的影响。其中，企业内部因素是决定股价大小的基础性因素，产业因素是预测股价未来走势的主要因素，宏观经济因素则是最重要的外部制约因素。

3. 上市普通股是企业公开发行的可以在股票交易市场上挂牌上市，持有者可依法进行自由交易的股票。购买并持有上市普通股所可能带来的收益主要由两部分组成：一是红利收益，即股利；二是资本收益，即买卖价差。

4. 在满足有效市场假设和非长期性投资假设的前提下，现行市价法是评估上市普通股的最基本方法；当股票交易市场不满足有效市场假设时，可以使用带调整系数的现行市价法。若投资者以长期投资为目的持有股票时，则可以使用收益现值法对上市普通股价值进行评估。

5. 由于非上市普通股没有市场价格，一般采用收益现值法评估。如果能为其找到一个市场价格或者找到一个与其性质类似的上市普通股的市场价格，则可以采用市场价格比较法对其进行评估。

6. 在对优先股进行评估时，需要考虑其未来是否可能上市，即它未来是否可能有一个市场交易价格。如果不可能有，按照收益现值法将未来每期的股息率折现即可；但如果将来可能会上市，则需要考虑投资者未来收益可能发生的变化。

章后习题

重要概念

普通股　优先股　内在价值　市场价值　有效市场假说　现行市价法　调整系数　收益现值法　预期收益　资本化率　红利固定模型　红利稳定增长模型　分段式增长模型　戈登模型

思考题

1. 试述市场资本化率、无风险利率和风险报酬率的含义及其相互关系。

2. 一只上市普通股的 β 系数发生变化之后，其评估价值会不会发生变化？如果会，将如何变化？

3. 使用现行市价法对上市普通股进行评估，需要满足的前提条件是什么？如果前提条件无法满足，应使用什么方法进行改进？

4. A 公司持有 B 公司上市普通股 20000 股，评估基准日该股收盘价为每股 6.5 元，请计算 A 公司所持 B 公司普通股的评估价值。

5. 红利固定模型、红利稳定增长模型、分段式增长模型的联系和区别有哪些？

6. 假定某公司非上市普通股现在的每股股息为 4 元，预计前 2 年的股息年增长率为 8%，后 4 年的股息年增长率为 4%。市场资本化率为 6%，试问：该股票的价格为多少？

7. 优先股与普通股的联系和区别是什么？优先股股东具有哪些优先权利？

8. 某公司优先股的股息为 5 元，折现率为 10%，试问：该优先股的价格应为多少?

延伸阅读

1. [美]埃斯瓦斯·达莫达兰. 估值:难点、解决方案及相关案例[M]. 北京:机械工业出版社,2013.

2. 中国资产评估协会. 资产评估实务(一)[M]. 北京:中国财政经济出版社,2020.

参考文献

[1](中国)注册会计师全国统一考试应试指导编写组,注册会计师全国统一考试应试指导编写组. 财务成本管理[M]. 北京:华文出版社,2019.

[2]杨子江. 金融资产评估[M]. 北京:中国人民大学出版社,2003.

第四章 基金价值评估

章首导言

投资基金由基金托管人托管，由基金管理人管理，以资产组合方式进行证券投资活动，为基金份额持有人的利益服务。投资基金作为一种金融工具，可以把投资者的资金汇集起来进行组合投资，由专业机构管理和运作，其凭借投资者收益可观、资产增长较稳定以及良好的风险规避功能，极大地拓宽了广大中小投资者的投资渠道，从而满足了广大中小投资者资产保值增值的需求。

在本章中，我们将对投资基金的定义、常见类型进行介绍，并分别论述投资基金评估的概念和评估方法，最后详细介绍私募投资基金非上市股权投资估值的方法，形成对基金价值评估的初步认识。

知识结构图

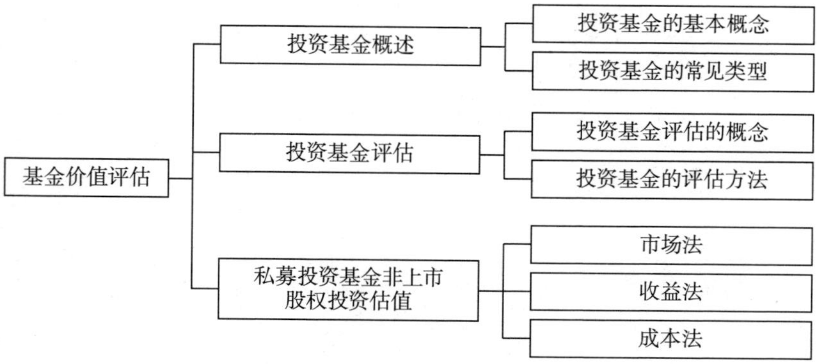

第一节　投资基金概述

一、投资基金的基本概念

证券投资基金是一种收益共享、风险共担的集合投资方式，它通过发行基金单位，集中投资者的资金，由基金托管人托管，由基金管理人管理和运用资金，从事股票、债券、外汇等金融工具投资，或者房地产、大宗能源、林权、艺术品等其他资产投资，以获得投资收益和资本增值。投资基金是一种间接投资工具，基金运作中的交易者包括基金投资者、基金管理人和托管人。

二、投资基金的常见类型

按照不同的标准，投资基金可以分为多种类型。证券投资基金最常见的分类有：根据组织形式的不同，分为契约型基金和公司型基金；或者根据基金单位可否赎回、规模是否固定，分为封闭式基金与开放式基金。其他分类依据还有以下几个方面。

（一）根据投资目标的不同

根据投资目标的不同，投资基金可分为收入型基金、成长型基金和平衡型基金。收入型基金主要投资于可带来现金收入的有价证券。其特点是损失本金的风险小，但长期成长的潜力也相应较小，适合较保守的投资者。成长型基金是以追求资本的长期增值为目标的投资基金，其特点是风险较大，获取的收益也较大，适合能承受高风险的投资者。平衡型基金是以净资产的稳定、可观的收入及适度的成长为目标的投资基金，其特点是具有双重投资目标，谋求收入和成长的平衡，故风险适中，成长潜力也不是很大。

（二）按照投资对象的不同

按照投资对象的不同，证券投资基金可分为股票型基金、债券型基金、混合型基金和货币市场基金等。股票型基金以股票为主要投资对象，是证券投资基金市场的主流产品，其数量在各种基金中最多。债券型基金主要以政府公债、市政债券、公司债券等债券品种为投资对象，其投资目的在于获得较稳定的收益。债券型基金在一般情况下定期派息，除高收益债券型基金外，债券型基金的风险和投资回报率通常比股票型基金低。混合型基金同时投资于股票和债券。根据股票和债券在混合型基金中比例的不同，这类基金还可以进一步细分为偏股型基金、偏债型基金和配置型基金。货币市场基金是指将所募集的资金统一投资于货币市场上那些既安全、流动性又强的短期金融工具（如短期国库券、可转让存单、商业票据、银行承兑票据等）的投资基金，其核心在于通过增强流动性来降低投资的风险。

（三）按照资金募集方式的不同

按照资金募集方式的不同，投资基金可以分为公募基金和私募基金两类。公募基金是向不特定投资者公开发行收益凭证进行资金募集的基金，一般在法律和监管部门的严格监管下，有信息披露、利润分配、投资限制等行业规范要求。私募基金是私下或直接向特定投资者募集的资金，私募基金只能向少数特定投资者采用非公开方式募集，对投资者的投资能力有一定的要求，同时在信息披露、投资限制等方面的监管要求较低，方式较为灵活。

（四）特殊类型的投资基金

特殊类型的投资基金包括对冲基金、指数基金、交易所交易基金等。

（1）对冲基金（Hedge Fund），起源于20世纪50年代的美国，是一种利用对冲投资技巧进行投资的基金种类，主要操作手法是利用期货、期权等金融衍生产品以及相关联的不同股票进行买空卖空，实现风险对冲。经过几十年的演变，对冲基金已失去其初始的风险对冲的内涵，而成为一种新的投资模式的代名词，即基于最新的投资理论和极其复杂的金融市场操作技巧，充分利用各种金融衍生产品的杠杆效用，承担高风险、追求高收益的投资模式。

（2）指数基金的设立是源于资本市场的有效性。如果基金管理人相信市场是有效的，那么任何试图战胜市场而获取超额收益的行为都是徒劳的。因此，选择某一市场指数作为特定的基准指数，构造一个投资组合，以该指数中各成分证券的相对权重作为投资组合中各证券的相对权重，就能复制基准指数的收益。只要指数成分证券不发生频繁变动，基金管理人就无须花大量精力来调整投资组合。对于投资者而言，指数基金除了能获得与基准指数大致相当的收益之外，另一重要优势就是管理费用低廉。

（3）交易所交易基金（Exchange Traded Funds，ETF），1993 年诞生在美国。通常所说的 ETF 专指可以在证券交易所上市交易的开放式基金。ETF 以复制和追踪某一市场指数（主要是股票指数）为目标，通过充分分散化的投资策略降低非系统性风险，通过消极管理的方式最大限度地降低交易成本，以取得市场平均收益。

第二节　投资基金评估

一、投资基金评估的概念

投资基金评估是对基金资产净值（份额）的评估，是指通过对基金所拥有的全部资产及全部负债按一定的原则和方法进行估算，进而确定基金资产价值的过程。投资基金净值不仅为基金资产的价值减去基金负债的价值，还应扣除对应的管理费和管理人对应的超额收益。投资基金的价值评估是建立在底层资产估值的基础上，底层资产包括货币、股票、债券、股权、其他衍生品等，在评估时要尽可能穿透底层，对底层资产进行分析并评估其价值。在对投资基金评估的过程中应注意以下几点：

（1）应关注投资基金协议、章程，了解投资人、委托人、管理人、投资人在利益分配、管理费支付等方面的权利和义务。

（2）应根据投资基金底层资产的资产状况、经营状态，对底层资产根据其不同类型采取不同的评估方法。

（3）对非公开投资基金尽可能取得其财务报告，其财务报告中一般都会对资产进行估值，评估人员应关注其财务报告中资产估值的合理性。

二、投资基金的评估方法

下面主要介绍证券投资基金和合伙制基金的评估方法。

（一）证券投资基金评估

基金资产净值除以基金当前的总份额，就是基金份额净值。用公式可表示为：

$$基金资产净值=基金资产-基金负债$$

$$份额净值=\frac{基金资产净值}{基金总份额}$$

基金份额净值是计算投资者申购基金份额、赎回资金金额的基础，也是评价基金投资业绩的基础指标之一。

【例4-1】截至评估基准日，某只基金持有的三种股票的数量分别为80万股、30万股和50万股，每股的收盘价分别为30元、10元和20元，银行存款为1000万元，对托管人或管理人应付未付的报酬为800万元，应负税费为300万元，已售的基金份额为2000万份，计算基金份额净值为：

解：$份额净值=\frac{(80\times 30+30\times 10+50\times 20+1000)-800-300}{2000}=$ 1.8(元)

【例4-2】截至评估基准日，被评估单位持有的某证券投资基金份额为100000份，通过Wind资讯等交易软件可以查询，该证券投资基金在评估基准日基金净值为1.25元/份，评估被评估单位持有该基金的价值。

解：所持有的基金价值=1.25×100000=125000（元）

（二）合伙制基金评估

合伙制基金是资产评估中常见的资产类型。合伙制基金估值是指通过对基金所持有的全部资产及应承担的全部负债按一定的原则和方法进行评估与计算，最终确定基金资产净值（Net Asset Value，NAV）的过程。目前行业较为常用的对股权投资基金进行估值的方式，是先根据估算方法确定基金投资的每一个单一投资项目的价值及项目价值总和，加上基金持有的其他资产价值，再扣减基金应承担的费用等负债，最终得到基金资产净值。用公式可表示为：

基金资产净值 = 项目价值总和 + 其他资产价值 - 基金费用等负债

其中，需要注意的是，对于合伙制基金，普通合伙人和一般合伙人对应的份额估值有不同的价值内涵，即其不必然等于股东全部权益与股权比例的乘积。

合伙制基金评估中普通合伙人（General Partner，GP）享有的权益为管理人收入 + 直投部分收益 + 超额收益部分。

合伙制基金评估中有限合伙人（Limited Partner，LP）享有的权益部分却仅为直投部分收益，但要扣除管理费及满足超额收益以下的 GP 权益部分。

【例 4 -3】 截至评估基准日，被评估单位甲公司为某合伙制基金（有限合伙）的 LP，其中该基金的总份额为 10 亿份（1 元/份），甲公司持有的份额为 9.5 亿份（95 %），GP 持有的份额为 0.5 亿份（5%）。根据合伙、协议，基金投资日期为 2020 年 1 月 1 日，投资期限为 5 年。CARRY 的分配原则为：门槛年化利率 10%（单利），超出 10% 的部分按照 2∶8 原则分配。截至评估基准日，基金共投资 3 个股权项目 A、B、C，A 项目当前项目价值为 4 亿元，B 项目当前项目价值为 5 亿元，C 项目当前项目价值为 6 亿元。除此之外，基金资产还包括 0.5 亿元的银行存款，已产生的应付未付管理费用、托管费用等负债总金额为 0.2 亿元。请评估该合伙制基金净值、甲公司所持份额的价值、GP 所持份额的价值（不考虑优先偿还 LP 本金顺序及分红情况）。

解：（1）该合伙制基金净值为：

$$4+5+6+0.5-0.2=15.3\text{（亿元）}$$

（2）GP 应享有的超额收益为：

$$[15.3-10\times(1+3\times10\%)]\times20\%=0.46\text{（亿元）}$$

（3）LP 共享有的权益为：

$$15.3-0.46=14.84 \text{（亿元）}$$

（4）LP 合伙人甲公司对应的 9.5 亿份额的价值为：

$$14.84\times 95\% =14.098 \text{（亿元）}$$

（5）GP 合伙人对应的 0.5 亿份额的价值为：

$$15.3-14.098=1.202 \text{（亿元）}$$

第三节　私募投资基金非上市股权投资估值

基金管理人应当充分考虑市场参与者在选择估值方法时考虑的各种因素，并结合自己的判断，采用多种分属不同估值技术的方法对非上市股权进行估值。根据《私募投资基金非上市股权投资估值指引（试行）》，可知私募投资基金非上市股权投资估值可采用以下几种方法。

一、市场法

在估计非上市股权的公允价值时，通常使用的市场法包括参考最近融资价格法、市场乘数法、行业指标法。

（一）参考最近融资价格法

参考最近融资价格法是指基金管理人采用被投资企业最近一次融资的价格对私募基金持有的非上市股权进行估值的方法。此方法通常适用于尚未产生稳定的收入或利润，但融资活动比较频繁的初创企业。在运用参考最近融资价格法时，基金管理人应当对最近融资价格的公允性做出判断。根据不同的情况判断该融资价格能否作为被投资企业公允价值的最佳估计使用，或是否需要对影响最近融资价格公允性的因素进行调整，具体情况如表 4－1 所示。

表 4-1　将融资价格作为被投资企业公允价值时应注意的几个问题

序号	不能作为公允价值最佳估计使用的情况	需对公允性的因素进行调整的情况
1	没有主要的新投资人参与最近融资	最近融资使用的权益工具与私募基金持有的非上市股权在权利和义务上不相同
2	最近融资金额对被投资企业而言并不重大	被投资企业的关联方或其他第三方未为新投资人提供各种形式的投资回报担保
3	最近交易被认为是非有序交易（如被迫出售股权或对被投资企业陷入危机后的拯救性投资）	新投资人的投资造成对原股东的非等比例摊薄
4		最近融资价格中包括了新投资人可实现的特定协同效应，或新投资人可享有某些特定投资条款，或新投资人除现金出资外还投入了其他有形或无形的资源

特定情况下，伴随新发股权融资，被投资企业的现有股东会将其持有的一部分股权（以下简称“老股”）出售给新投资人，老股的出售价格往往与新发股权的价格不同。针对此价格差异，基金管理人需要分析差异形成的原因，如老股新发股权是否对应了不同的权利和义务、是否面临着不同的限制，以及老股出售的动机等。基金管理人应当结合价格差异形成原因，综合考虑其他可用信息，合理确定公允价值的取值依据。

估值日距离融资完成的时间越久，最近融资价格的参考意义越弱。基金管理人在后续估值日运用最近融资价格法时，应当根据市场情况及被投资企业自身情况的变化判断最近融资价格是否认可作为公允价值的最佳估计。基金管理人在后续估值日通常需要对最近融资价格进行调整的情形，包括但不限于：

（1）被投资企业的经营业绩与财务预算或预设业绩指标之间出现重大差异；

（2）被投资企业实现原定技术突破的预期发生了重大变化；

（3）被投资企业面对的宏观经济环境、市场竞争格局、产业政策等发生了重大变化；

（4）被投资企业的主营业务或经营战略发生了重大变化；

（5）被投资企业的可比公司业绩或者市场估值水平发生了重大变化；

（6）被投资企业内部发生欺诈、争议或诉讼等事件，管理层或核心技术人员发生重大变动。

若基金管理人因被投资企业在最近融资后发生了重大变化而判定最近融资价格无法直接作为公允价值的最佳估计，同时也无法找到合适的可比公司或可比交易案例以运用市场乘数法进行估值，基金管理人可以根据被投资企业主要业务指标自融资时点至估值日的变化，对最近融资价格进行调整。主要业务指标包括但不限于有代表性的财务指标、技术发展阶段、市场份额等，在选择主要业务指标时，应重点考虑被投资企业所处行业特点及其自身的特点，选择最能反映被投资企业价值变化的业务指标。

（二）市场乘数法

1. 市场乘数法的定义

市场乘数法是指基金管理人根据被投资企业所处发展阶段和所属行业的不同，运用各种市场乘数（如市盈率、市净率、企业价值/销售收入、企业价值/息税折旧及摊销前利润）对非上市股权进行估值的方法。市场乘数法通常适用于可产生持续的利润或收入且相对成熟的被投资企业。

在运用市场乘数法时，基金管理人应当从市场参与者角度出发，参照图 4－1 所示完成估值工作。

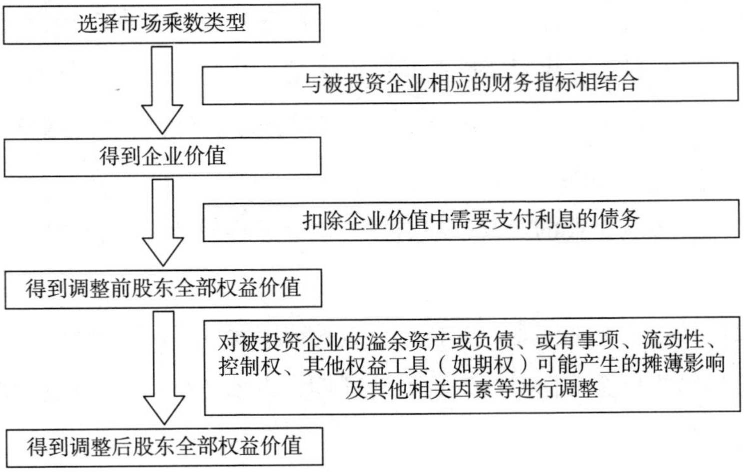

图 4－1　运用市场乘数法进行估值工作的步骤

2. 市场乘数的确定

关于市场乘数的分子，可以采用股东权益价值（股票市值或股权交易价格）或企业价值，由基金管理人基于估值日的价格信息和相关财务信息得出，若估值日无相关信息，可采取距离估计日最近的信息并作一定的调整后进行计算。关于市场乘数的分母，可采用特定时期的收入、利润等指标，也可以采用特定时点的净资产等指标，计算上述时期或时点指标时可以使用历史数据，也可使用预期数据。基金管理人应确保估值时采用的被投资企业的利润、收入或净资产等指标与市场乘数的分母在对应的时期或时点方面保持完全一致。

在估值实践中，各种市场乘数均有应用，如市盈率（P/E）、市净率（P/B）、企业价值/销售收入（EV/Sales）、企业价值/息税折旧及摊销前利润（EV/EBITDA）、企业价值/息税前利润（EV/EBIT）等。基金管理人应当从市场参与者的角度出发，根据被投资企业的特点选择合适的市场乘数。

在使用各种市场乘数时，应当保证分子与分母的口径一致，如市盈率中的盈利指标应为归属于母公司的净利润，而非全部净利润；市净率中的净资产应为归属于母公司的所有者权益，而非全部所有者权益。一般不采用市销率、市值/息税前利润、市值/息税折旧及摊销前利润等市场乘数，除非可比公司或交易与被投资企业在财务杠杆和资本结构上非常接近。

考虑到被投资企业可能存在不同的财务杠杆和资本结构，在EV/EBITDA适用的情况下，通常可优先使用EV/EBITDA。在EV/EBITDA不适用的情况下，可考虑采用市盈率进行估值，但需要注意被投资企业应具有与可比公司或可比交易案例相似的财务杠杆和资本结构，并对净利润中包含的特殊事项导致的利润或亏损通常应进行正常化调整，同时考虑不同的实际税率对市盈率的影响。如果被投资企业尚未达到可产生可持续利润的阶段，基金管理人可以考虑采用销售收入市场乘数（EV/Sales），在确定被投资企业的收入指标时，可以考虑市场参与者收购被投资企业时可能实现的收入。

市场乘数通常可通过分析计算可比上市公司或可比交易案例相关财务

和价格信息获得。基金管理人应当关注通过可比上市公司和可比交易案例两种方式得到的市场乘数之间的差异并对其进行必要的调整。对于通过可比交易案例得到的市场乘数，在应用时应注意按照估值日与可比交易发生日市场情况的变化对其进行校准。

基金管理人应充分考虑上市公司股票与非上市公司股权之间的流动性差异。对于通过可比上市公司得到的市场乘数，通常需要考虑一定的流动性折扣后才能将其应用于非上市股权估值。流动性折扣可通过经验研究数据或者看跌期权等模型，并结合非上市股权投资实际情况综合确定。

对市场乘数进行调整的其他因素包括企业规模和抗风险能力、利润增速、财务杠杆水平等。上述调整不应包括由于计量单位不一致导致的溢价和折扣，如大宗交易折扣。

（三）行业指标法

行业指标法是指某些行业中存在特定的与公允价值直接相关的行业指标，此指标可作为被投资企业公允价值估值的参考依据。行业指标法通常只在有限的情况下运用，此方法一般被用于检验其他估值法得出的估值结论是否相对合理，而不作为主要的估值方法单独应用。并非所有行业的被投资企业都适用行业指标法，通常在行业发展比较成熟及行业内各企业差别较小的情况下，行业指标才更具代表意义。

二、收益法

收益法，也称现金流折现法，是指基金管理人采用合理的假设预测被投资企业未来现金流及预测期后的现金流终值，并采用合理的折现率将上述现金流及终值折现至估值日得到被投资企业相应企业价值的方法，其中折现率的确定应当能够反映现金流预测的内在风险。基金管理人还应参照市场乘数法中提及的调整或分配方法，将企业价值调整至私募基金持有部分的股权价值。现金流折现法具有较高的灵活性，在其他估值方法受限制时仍可使用。

基金管理人在确定此方法采用的财务预测、预测期后终值以及经过合理风险调整的折现率时，需要大量的主观判断，折现结果对上述输入值的变化较为敏感，因此，现金流折现法的结果易受各种因素干扰，特别是当被投资企业处于初创、持续亏损、战略转型、扭亏为赢、财务困境等阶段时，基金管理人通常难以对被投资企业的现金流进行可靠预测，应当谨慎评估运用现金流折现法的估值风险。

三、成本法

成本法，也可称为净资产法，是基金管理人使用适当的方法分别估计被投资企业的各项资产和负债的公允价值（在适用的情况下需要对溢余资产和负债、或有事项、流动性、控制权及其他相关因素进行调整），综合考虑后得到股东全部权益价值，进而得到私募基金持有部分股权价值的方法。如果被投资企业股权结构复杂，基金管理人还应参照市场乘数法中提及的分配方法得到持有部分的股权价值。净资产法适用于企业的价值主要来源于其占有的资产情况，如重资产型的企业或者投资控股企业。此外，此方法也可以用于经营情况不佳、可能面临清算的被投资企业。

各类评估方法的适用范围如表 4－2 所示。

表 4－2　各类评估方法的适用范围

方法		适用范围
市场法	参考最近融资价格法	适用于尚未产生稳定的收入或利润，但融资活动比较频繁的初创企业
	市场乘数法	适用于可产生持续的利润或收入且相对成熟的被投资企业
	行业指标法	只在有限的情况下运用，一般被用于检验其他估值法得出的估值结论是否相对合理，而不作为主要的估值方法单独应用
收益法		具有较高的灵活性，在其他估值方法受限制时仍可使用
成本法		适用于重资产型的企业或者投资控股企业，也适用于经营情况不佳、可能面临清算的被投资企业

本章小结

1. 投资基金是一种组合投资、专业管理、利益共享、风险共担的集合投资方式。

2. 投资基金按照资金募集方式的不同，可分为公募基金和私募基金两类；按照投资对象的不同，可分为证券投资基金和另类投资基金。

3. 私募股权投资基金，又称“私人股权投资基金”，是指对非上市企业进行的权益性投资，在交易实施过程中附带考虑了将来的退出机制，即通过上市、并购或管理层回购等方式出售持股获利。

4. 投资基金评估是对基金资产净值（份额）的评估，是指通过对基金所拥有的全部资产及全部负债按照一定的原则和方法进行估算，进而确定基金资产价值的过程。

5. 参考最近融资价格法是指基金管理人采用被投资企业最近一次融资的价格对私募基金持有的非上市股权进行估值的方法。

6. 市场乘数法是指基金管理人根据被投资企业所处发展阶段和所属行业的不同，运用各种市场乘数（如市盈率、市净率、企业价值/销售收入、企业价值/息税折旧及摊销前利润）对非上市股权进行估值的方法。

7. 行业指标法是指某些行业中存在特定的与公允价值直接相关的行业指标，此指标可作为被投资企业公允价值估值的参考依据。

8. 收益法，也称现金流折现法，是指基金管理人采用合理的假设预测被投资企业未来现金流及预测期后的现金流终值，并采用合理的折现率将上述现金流及终值折现至估值日得到被投资企业相应企业价值的方法，其中折现率的确定应当能够反映现金流预测的内在风险。

9. 成本法，也称净资产法，是基金管理人使用适当的方法分别估计被投资企业的各项资产和负债的公允价值，综合考虑后得到股东全部权益价值，进而得到私募基金持有部分股权价值的方法。

章后习题

重要概念

投资基金　公募基金　证券投资基金　私募股权基金　风险投资基金　对冲基金　不动产投资基金　市场法　收益法　成本法

思考题

1. 概述投资基金的分类。

2. 什么是公募基金？什么是私募基金？

3. 简述证券投资基金的定义。

4. 概述证券投资基金的分类。

5. 简述证券投资基金的评估方法。

6. 简述合伙制基金的评估方法。

7. 什么是市场法？它有哪些基本种类？

8. 简述成本法。

9. 简述收益法。

参考文献

[1]中国证券投资基金业协会估值小组,编. 私募投资基金非上市股权投资估值指引(试行). 2018.

[2]基金从业人员考试命题研究组,编. 基金法律法规、职业道德与业务规范[M]. 成都:西南财经大学出版社,2021.

[3]基金从业人员考试命题研究组,编. 私募股权投资基金基础知识[M]. 成都:西南财经大学出版社,2021.

[4]国家发展和改革委员会培训中心《企业理财丛书》教材编写组,编写. 企业投资筹划[M]. 北京:经济科学出版社,2011.

第五章　远期与期货价值评估

章首导言

远期与期货都属于金融衍生产品，是可供投资者进行风险管理、实现套期保值的金融工具。远期与期货是20世纪70年代以来发展起来的新型金融交易模式，并在20世纪末迅猛发展，是金融市场重要的创新与发展。

在本章中，我们将对远期与期货的定义、种类进行介绍，并分别论述外汇期货、股票指数期货和利率期货的价值评估方法，对评估的影响因素进行分析，形成对期货的价值评估的初步认识。本章重点介绍金融期货价值的评估方法。

本章知识结构图

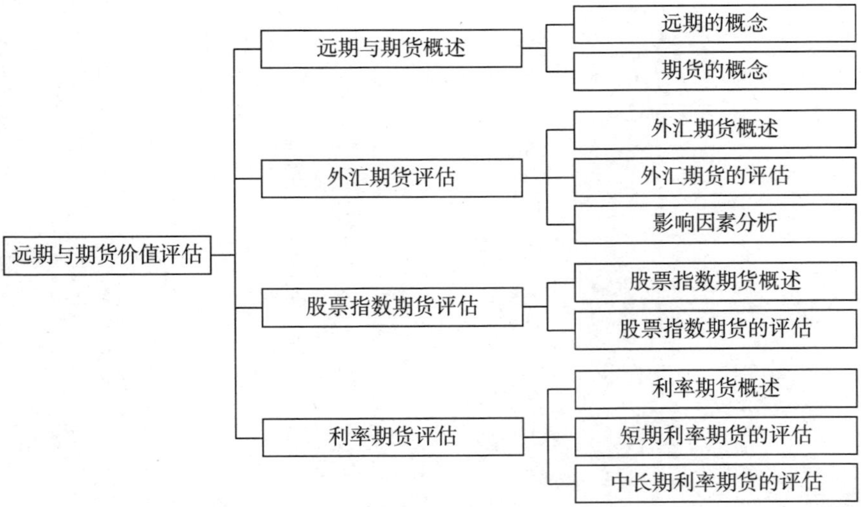

第一节　远期与期货概述

一、远期的概念

（一）远期的定义

1. 远期合约

远期合约（Financial Forward Contract）是指交易双方约定在未来的某一确定时间，按确定的价格买卖一定数量的某种金融资产的合约。在金融远期合约中，规定在将来买入标的物的一方称为多方（Long Position），卖出标的物的一方称为空方（Short Position）。合约中规定的未来买卖标的物的价格称为交割价格（Delivery Price）。金融远期合约双方的损益（Payoff）取决于合约到期时该标的资产的现货市场价格与交割价格之差。

2. 远期价格

远期价格（Forward Price）是指使得远期合约价值为零的交割价格。这个远期价格显然是理论价格，它与远期合约在实际交易中形成的实际价格（即双方签约时所确定的交割价格）并不一定相等。一旦理论价格与实际价格不相等，就会出现套利机会。若交割价格高于远期价格，套利者就可以通过买入标的资产现货、卖出远期并等待交割来获取无风险利润，从而促使现货价格上升、交割价格下降，直至套利机会消失；若交割价格低于远期价格，套利者就可以通过卖空标的资产现货、买入远期来获取无风险利润，从而促使现货价格下降、交割价格上升，直至套利机会消失，而此时，远期理论价格等于实际价格。

3. 远期合约价值

远期合约价值是指远期合约本身的价值，它是由远期实际价格（交割价格）与远期理论价格（远期价格）的差距决定的。当远期价格等于交割价格时，远期价值为零。如在合约签订之时选定的交割价格应使得远期合约的价值对于交易双方来说都为零，此时双方也不支付任何现金。之所以这样，是因为如果签订时该合约对多头有正的价值，就意味着对空头有负的价值，此时空头肯定不愿意进入该合约；反之，如果签约时该合约对空头有正的价值，多头也不会愿意进入该合约。但是，合约开始后，随着标的资产现货价格的变化，远期理论价格就会随之发生变化（远期价格是由标的物的现货价格决定的），而原有合约的交割价格则不可能改变，因此原有合约的价值就可能不再为零，而远期合约对多头和空头就会产生正的或负的价值。

拓展阅读 5－1

远期合约的交割通常有两种方式：实物交割和现金结算。实物交割是指合约到期时，空头根据合约将标的资产出售给多头，而多头按事先商定的价格进行支付。但对于某些远期合约，实物交割相当麻烦。如果标的资产是股票指数，在交割时空头不得不将股票指数中所包含的股票组合按指数中的比例交给多头，这将非常困难，所以更切合实际的做法是进行现金结算（cash settlement）：到期日，一方所持有的头寸价值如果为负，就需要向对方支付相应的金额。例如，在一份远期股合约中，多头可在 90 天后以 100 美元/股的价格买入 100 股美国通用汽车股票，同时设定交割采用现金结算的方式。如果到期日那天，通用汽车股价上涨到 102 美元/股，则多头头寸的价值为（102－100）×100＝200（美元），空头头寸的价值为 7 美元/股，则空头头寸的价值为 300 美元，此时多头就要向空头支付 300 美元。

（二）远期合约的种类

1. 远期利率协议

远期利率协议（Forward Rate Agreement，FRA），是指买卖双方同意从未来某一约定的时期开始在某一特定时期内按协议利率借贷一笔数额确定、以具体货币表示的名义本金的协议。一般来说，远期利率协议的交易双方在结算日时不交换本金，而是根据协议利率和参照利率之间的差额及名义本金，由交易一方支付给另一方结算金。远期利率协议可以看作一种固定利率下的远期借贷，但没有发生实际的借款支付。也就是说，远期利率协议的多头同意在未来的某个时刻以一个固定的利率（协议利率）向空头借钱，而空头则同意借出这笔钱，但是双方在约定的那个时刻并不真正交换借款，而是交换一个利息差。

2. 远期外汇合约

远期外汇合约（Forward Foreign Exchange Contract），是指双方约定在将来某一时间按约定的远期汇率买卖一定金额的某种外汇的合约。远期外汇交易双方在签订合同时就确定好将来进行交割的远期汇率，到时不论汇率如何变动，都按此汇率交割。到交割时，名义本金并未交割，而只是交割合同中规定的远期汇率与当时的即期汇率之间的差额。在金融远期合约中，远期外汇合约是发展最成熟的、规模最大的种类。

按照远期的开始时期划分，远期外汇合约又分为直接远期外汇合约（Outright Forward Foreign Exchange Contract）和远期外汇综合协议（Synthetic Agreement for Forward Exchange）。前者的远期期限是直接从现在开始算的，而后者的远期期限则是从未来的某个时点开始算的，因此实际上是远期的远期外汇合约。如 2 × 5 远期外汇综合协议是指从起算日之后的 2 个月（结算日）开始计算的为期 3 个月的远期外汇协议。

3. 远期股票合约

远期股票合约是指在将来某个特定日期按特定的价格交割一定数量单只股票或一篮子股票的协议。在美国，有些公司非常看好本公司未来的股价走势，因此在制定股票回购协议时就采用了这种远期股票合约的形式，即承诺在未来某个日期按一个设定价（高于交易达成时的股票价格）买入自己公司的股票。

二、期货的概念

（一）期货的定义

期货合约（Financial Future Contract），是指由交易双方订立的、约定在未来某个日期按成交时约定的价格交割一定数量某种标的资产的标准化协议。期货合约的一大特点是标准化的合约条款。期货合约的合约规模、交割日期、交割地点等都是标准化的，即在合约上有明确的规定，无须双方再商定，交易双方所要做的唯一工作是选择适合自己的期货合约，并通过交易所竞价确定成交价格。一份期货合约通常会规定以下条款：

（1）标的资产。每份合约都必须指明以何种金融工具作为标的物。按标的资产的不同，金融期货可分为利率期货、外汇期货、股价指数期货。利率期货的标的资产是利率；外汇期货的标的资产是外汇，具体有美元、英镑、欧元、日元等；股价指数期货的标的资产是股价指数，如标准普尔500 指数、日经 225 指数等。

（2）合约规模。合约规模是指每份期货合约所指定的交割的资产数量，即合约面值。不同种类的合约其规模不尽相同。如 3 月期欧洲美元期货的规模是 1000000 美元，3 月期伦敦英镑期货合约的规模是 5000000 英镑。期货交易每份合约的交割数量都是确定的，但不同的交易所又有不同的规定。如一份英镑期货合约，在芝加哥国际货币市场为 25000 英镑，在中美洲商品交易所为 12500 英镑，在阿姆斯特丹欧洲期权交易所则为 10000 英镑。

（3）最小价格变动单位。最小价格变动是指合约价格上下波动时的最小单位，期货品种不同，最小价格变动也不同。如 3 月期欧洲美元的最小价格变动单位是 0.0001 美元，即 1 个基点（Basis Point）（通常将 0.01% 称为一个基点）。标准普尔 500 指数期货的最小价格变动为 0.1 指数点，长期利率期货价格的最小价格变动单位为 1/32%。

（4）报价方式。金融期货的报价视标的资产的不同而有所差异。以长期国债期货为例，以美元和 1/32 美元的倍数来进行报价。例如，10421/32 的报价相当于 104 + 21/32 = 104.65625，如果合约面值为 1000000 美元，则该合约的报价实际上等于 10000 × 104.65625% = 1046562.5（美元）。

（5）交割时间。虽然许多期货市场交易者在合约到期前通常会选择平仓，但是有些套期保值者还是会进行交割。对于一份期货合约，交易所会指定哪些月份是可以进行交割的，如伦敦国际金融期货交易所（LIFFE）

规定货币期货合约的交割月份为3月、6月、9月和12月。在交割月中还将指定具体的交割日，如LIFFE规定为交割月份的第二个星期三。

拓展阅读5-2

从20世纪70年代开始，汇率、利率、证券价格急剧波动，金融期货应国际经济形势而生。为规避汇率风险，1972年5月在美国芝加哥商业交易所（CME）的国际货币市场（IMM）分部诞生了世界上第一份金融期货合约；为规避利率风险，1975年芝加哥期货交易所（CBOT）推出了第一张抵押贷款凭证的期货合约，以后又开始交易美国政府国库券期货合约。此后，多伦多、伦敦等地也开展了利率期货交易。在借鉴了欧洲美元利率期货的现金结算方式的成果后，第一份股票指数期货于1982年在堪萨斯期货交易所（KCBT）展开。至此，所有主要的金融期货创新相继问世，有力地推动了世界市场的深入发展，而期货市场具有的杠杆效应又吸引了大量的投机者，投机者的加入极大地推动了金融期货市场的发展。如今，金融期货市场已成为国际金融市场不可缺少的重要组成部分。

（二）期货合约的种类

1. 外汇期货

外汇期货又称货币期货，是以外汇为标的物的合约。外汇期货是金融期货中最先产生的品种，主要是为了规避外汇风险。1972年5月，芝加哥商业交易所建立了国际货币市场（IMM），并推出了七种外币对美元的期货合约。这七种货币分别为英镑、联邦德国马克、法国法郎、瑞士法郎、加拿大元、墨西哥比索、日元。外汇期货交易虽然自20世纪70年代初在国际货币市场上率先推出，得到了迅速发展，但是外汇期货在交易量上却不如外汇远期，这可能是由于外汇远期可以更好地满足不少企业特定地对外汇套期保值的目的。

2. 利率期货

利率期货的标的物是一定数量的某种与利率相关的金融产品，即各种固定利率的有价证券，如国库券、长期国债。利率期货主要是为了规避利率风险而产生的。目前，利率期货的交易量在所有金融期货中占据首位。近年来，由于各国的中长期利率波动频繁和有价证券市场涨跌剧烈，套期保值者和投机者对各类利率期货都有着强烈的交易动机。

利率期货产生于1975年10月，虽然比外汇期货晚了3年，但其发展速度与应用范围都远较外汇期货来得迅速和广泛。利率期货是个大类，包括许多具体的交易品种，如美国政府的短期国库券期货、美国政府的中期和长期国债期货、30天的联邦基金期货、3月期欧元银行同业拆借利率期货、3月期欧洲美元定期存款期货、3月期欧洲日元定期存款期货、3月期欧洲瑞士法郎定期存款期货、短期英镑存款期货、英国政府的长期金边债券期货和5年期金边债券期货，以及德国、意大利、法国等政府发行的债券期货等。

3. 股票价格指数期货

股票价格指数期货是以股票价格指数为标的物的期货交易。股票价格指数期货是金融期货中产生最晚的一个品种，是20世纪80年代金融创新中出现的较重要、较成功的金融工具。股票价格指数是反映整个股票市场上各种股票的市场价格总体水平及其变动情况的一种指标，而股票价格指数期货是以股票价格指数为标的物的期货交易，主要是为了避免股票交易中的系统性风险。

自1982年美国堪萨斯农产品交易所正式开办世界上第一个股票价格指数期货交易以来，美国的股票价格指数期货交易品种已发展至数种，它们是芝加哥商业交易所的标准普尔500种股票价格综合指数期货、纽约期货交易所的纽约证券交易所综合指数期货和堪萨斯农产品交易所的价值线综合指数期货。此外，1983年，澳大利亚悉尼期货交易所制定了自己的股票价格指数期货；1984年，伦敦国际金融期货交易所推出了《金融报》100种股票价格指数期货；1986年，中国香港期货交易所开办了恒生价格指数期货；等等。总的来说，股票指数期货与其他品种的期货合约没有太大的区别，只是由于股票指数期货的标的物不同于其他金融期货，在合约规模或价值方面的规定有独特性。其合约的价值通常是以股票价格指数值乘以一个固定的金额来计算的。这一固定的金额称为乘数，则合约价值 = 股票指数水平 × 乘数。

不同股票指数合约的乘数不相同，乘数主要视股票指数高低而定。如标准普尔 500 指数期货的乘数是 250 美元，NASDAQ100 指数期货的乘数是 100 美元。股票价格指数期货的标的物——股票指数包含很多股票，进行实物交割非常麻烦，所以主要采用现金结算的方式。

（三）远期合约与期货合约的比较

本小节介绍远期合约与期货合约的关系（见表 5 - 1），由于远期合约和期货合约具有一定的相似性，在后面的章节中主要介绍金融期货的评估。

从定义出发，期货与远期实际上非常接近：两者都是在现时决定未来的交易条件；目的都是规避现货市场可能的价格波动风险。但是，两者还是具有如下一些区别：

（1）期货合约是在有组织的交易所交易的标准化产品，对交割的日期、交割的标的资产以及资产的交割价格都有明确的规定，交易者只是对期货合约的数量及价格进行选择。远期合约是一种非标准的场外交易工具交易，双方可以就交易的各个方面进行谈判。

（2）由于期货合约的交易是标准化的，它有发达的二级市场，而且交易双方通常经过清算所结算，清算所则通过保证金制度对违约风险进行控制。而远期交易是特定的交易者之间的协议，因此二级市场交易清淡，流动性差，违约风险高。

（3）期货交易中的保证金制度要求期货合约在每个交易日结束时都依据市场价进行调整，这种调整可能要求保证金数额的变动，从而产生期间现金流。远期合约一般只在交割日发生现金流。

（4）期货交易的主要目的不是交割。尽管大部分的期货合约都允许实物交割，但在实际交易中，只有 1% ~2% 的交易是实物交割，其余的则通过在到期日前进行一项反向交易冲抵掉了。而远期交易大多是以实物交割为目的的，而且，由于远期交易是非标准化的，即使交易的一方想对冲也很难找到匹配的交易对象。

表 5－1　期货合约与远期合约的不同

项目	期货合约	远期合约
交易场所	有组织的交易所	场外交易
标准化合约	标准化合约	非标准化合约
二级市场交易	流动性好	流动性差
保证金制度	有保证金制度	无保证金制度
主要目的	冲抵交易风险	实物交割

第二节　外汇期货评估

在第一节的基础上，本节开始分类阐述金融期货的评估，首先简单介绍外汇期货的一些相关特性，其次介绍用于评估外汇期货的利率平价理论，并分别介绍影响外汇期货评估的四个主要因素，即国际收支状况、利率、通货膨胀率和经济增长。

一、外汇期货概述

（一）外汇期货的基本概念

外汇期货是指以某种货币作为标的资产的金融期货，是最早产生的一种金融期货。20 世纪 70 年代初，第二次世界大战后长期维系的固定汇率制崩溃，主要国家转而采取浮动汇率制，汇率波动呈放大趋势，外汇风险增加。为满足外汇市场参与者管理外汇风险的需求，芝加哥商品交易所的国际货币市场分部于 1972 年最先推出了包含七种货币的外汇期货交易。

（二）外汇期货与外汇远期

期货市场与远期市场在执行规避功能方面存在一定的替代性，这一点在外汇交易上尤为明显。长期以来，外汇现货市场和外汇远期市场的交易都十分活跃，而且从理论上说，外汇远期合约也能够达到规避汇率波动风险的目的，但是一方面，由于外汇远期交易通常发生在银行同业及大机构之间，这是为了防止交易对手风险，但这也使得外汇市场的中小套期保值者和投机者失去了可利用的工具，而期货的产生满足了这部分交易者的需求；另一方面，外汇远期合约的交易额通常都比较大，无法满足小额交易者套期保值的需求，由此产生与发展了外汇期货合约。

二、外汇期货的评估

（一）汇率

外汇期货的标的资产是某种货币，一种货币的价格通过另一种货币来表示，得到的价格称为汇价或汇率。因此，外汇期货的价格就是未来交割时的汇率。

由于外汇期货与外汇远期存在相似性，通常采用远期汇率决定的理论来对期货价格进行评估。在浮动汇率制下，远期汇率的形成可以用利率平价理论来描述。因此，将首先利用利率平价关系推出外汇期货价格的一个表示，然后说明这种表示与持有成本模型实际上是一致的。

（二）利率平价理论

外汇期货的定价与外汇远期的定价极为相似，可以采用浮动汇率制下的利率平价理论。

假设有 A、B 两国，无风险利率分别为 I_a 和 I_b ，现货市场的即期汇率为 P_s ，以 B 国货币来表示，即 1 单位 A 国货币等于 P 单位的 B 国货币，那么外汇期货的合理价格（均衡远期汇率）P_f 应为多少呢?

假设 A 国某一投资者有一笔资金可投入汇市，有两种策略选择：①以即期汇率 P_s 将本币转化为 B 国货币投资，同时以 P_f 的价格卖出一份外汇期货合约以锁定外汇风险；②将资金全部存入本国。显然，采用第一种策略该投资者的最终资产为（以本币记）$P_s \times \frac{1+I_b}{P_f}$ ，而采用第二种策略的最终资产为 $1+I_a$ 。合理的期货价格应该使两策略无差异，得到外汇期货的合理价格为：

$$P_f = P_s \times \frac{(1 + I_b)}{(1 + I_a)} \tag{5-1}$$

其中，P_s 为现货市场的即期汇率，I_a 和 I_b 分别为无风险利率。

【例 5-1】 某投资者持有 100 万欧元，有以下两种选择：投资于美国的 3 个月期国库券，或投资于德国的 3 个月期短期政府债券。设当时的市场条件如下：美国的 3 个月短期利率为 5.6%，德国的 3 个月短期利率为 6%，外汇市场上的即期汇率为 1.2 欧元/美元。求美元的期货价格。

解： 已知 $I_a = 5.6\%$，$I_b = 6\%$，$P_s = 1.2$ 欧元/美元。套用式（5-1）计算得到以欧元计值的美元期货价格约为 1.205 欧元/美元。

三、影响因素分析

由于远期汇率（即外汇期货价格）与即期汇率有着密切的关系，任何影响即期汇率波动的因素也将影响外汇期货的价格。因此，在对外汇期货进行评估时，必须把这些因素的作用考虑在内。

（一）国际收支状况

一国的国际收支状况是影响汇率变动的根本因素，其他因素对汇率的影响，实际上都是通过国际收支的变动起作用的。当本国的国际收支出现长期顺差时，会引起本币需求的增加，因而本币汇率就会出现上升的趋势；反之，在长期逆差的情况下，本币汇率会下降。

（二）利率

国家间利率水平的差异会引发套利行为，即资金从低利率国家流向高利率国家，外汇市场上对后者货币的需求会增加，从而导致后者货币汇率上升。

（三）通货膨胀率

两国间通货膨胀率的差异，也会影响两国货币的汇率。一方面，通货膨胀会直接影响本币的实际购买力，即相对于外币贬值；另一方面，通货膨胀会导致本国出口竞争力的下降，国际收支发生逆向变动，从而使本币汇率下降。此外，持续的通货膨胀还会通过影响投资者的预期来影响汇率的变动。

（四）经济增长

经济增长对汇率的影响方向是不确定的。对于出口导向的国家，高经济增长通常意味着高出口增长，因而外国对本国货币的需求增加，本币汇率就会上升。而对增长主要靠国内需求拉动的国家，经济增长可能会导致对进口商品需求的增加，这会造成本币汇率的下降。

此外，一国的政治局势、实施的经济政策、外汇市场上交易者的预期和投机行为等因素也会对汇率的变动产生影响，进而对外汇期货的评估产生影响。

第三节　股票指数期货评估

一、股票指数期货概述

（一）基本概念

1. 股票指数与股票指数期货

股票指数是根据某种规则构造的，用以反映股市整体价格波动情况的数量指标；股票指数期货就是合约标的物为某种股票价格指数的期货合约。

2. 股票指数期货的产生

股票市场的风险可以分为系统性风险和非系统性风险。非系统性风险是由于个别上市公司经营不善所带来的个别股票价格波动的风险，反映了特定企业和行业的经营状况。对于此类风险，投资者可以通过构造一定的投资组合加以控制和规避。系统性风险是由于整体宏观经济形势、突发性政治事件等因素导致的股市整体价格的波动，如 20 世纪 20 年代末的美国股市崩溃。对于此类风险，再优秀的投资组合也无能为力，股票指数期货的产生很好地适应了投资者规避此类风险的需要，因而自产生后即获得了迅速的发展。最早的股票价格指数期货是由美国密苏里州堪萨斯交易所于

1982 年 2 月 24 日推出的价值线综合平均指数期货。

（二）股票指数期货的报价和交割方式

1. 报价方式

股票指数期货的基础“资产”通常是股票市场的股价指数或某种专为股票期货交易构造的指数，前者如英国金融时报 100 指数、日经 225 指数以及香港恒生指数等，后者如标准普尔 500 指数、纽约交易所综合指数以及上述的价值线综合平均指数等。

股票指数期货的每份合约的价值由市场指数乘以相应的乘数决定。例如，标准普尔 500 指数期货合约的乘数为 500 美元，当指数为 450 时，每一份期货合约的货币价值就是 450 × 500 美元 = 225000 美元。香港期货交易所交易的恒生指数期货的乘数为 50 港元，若投资者在 11000 点买进 10 份恒生指数期货，而在 11500 点处售出，则可获利 250000 港元。

2. 交割方式

股票指数期货曾经一度因为找不到适当的交割方式而无法推出。由于利率期货以相关付息凭证为标的物，外汇期货以相应的货币为标的物，交易者既可选择现金交割，也可选择实物交割（即交割相应的证券或货币）。而股票指数期货是以某种市场指数为标的，并没有对应的实物资产，原因在于，投资者无法构造一个与指数对应的投资组合，例如，要对标准普尔 500 指数进行实物交割就需要构造一个包含 500 种股票的投资组合，因此股票指数期货交易通常都是采用现金交割的方式。

在上述恒生指数期货交易的例子中，到实际交割日，空头只需付给多头 250000 港元的现金，不必发生实物转移，若交割的恒生指数为 10500 点，则多头须付给空头现金 250000 港元。

二、股票指数期货的评估

（一）股票指数期货的评估模型

股票指数期货合约是一个抽象的“数”作为标的资产，其交易采取现金交割的方式。在进行股票指数期货定价时，重点是如何计算股利收益。本章介绍两种最简单的情形：一种是假定股利在持有期间是一次性支付的，即持有与指数对应的股票组合可以给投资者带来一个固定的收益，这种情形在欧洲和日本较为常见，称为固定收益模型。另一种是假定在持有期内股利是持续、均匀支付的，称为连续模型。

1. 固定收益模型

假定一份股票指数合约的持有期间为时刻 t 到时刻 T，其间的固定股利收益为 I，t 时的现货价格为 P_s，那么该期货合约的合理价格为：

$$P_f = (P_s - I)e^{r(T-t)} \tag{5-2}$$

其中，r^- 表示交割日前市场的无风险利率；其他符号的含义同前。

需要注意的是，在式（5－2）中未考虑股利支付对投资组合价值的影响，也未考虑利用股利收益进行再投资的收益。

2. 连续模型

假定期货合约代表的投资组合的股利发放是连续、平稳的，即在持有期间有一个常数的股利支付率 d，这样可以得到股票指数期货价格的持有成本模型为：

$$P_f = P_s e^{(r-d)(T-t)} \tag{5-3}$$

其中，符号的含义同前。

这里同样忽略了股利支付对投资组合价值的影响以及利用股利进行再投资的收益率。

【例 5－2】 假定标准普尔 500 指数现在的点数（即现货价格）为 350，以年利率计算的股利支付率和无风险利息率分别为 2% 和 4%，则 3 个月到期的股票指数期货的合理价格 P_f 应为多少？

解： 已知 $P_s = 350$，$r - d = 2\% = 0.02$，$T - t = 0.25$ 年，则利用式（5－3）可得 $P_f = 350 \times e^{0.02 \times 0.25} = 351.75$。

（二）影响因素分析

无论是离散模型还是连续模型，都是对现实情形高度简化的结果。这两个模型都忽略了股利支付对股票指数的可能影响。此外，以下几个因素也会对上述模型的精确度产生影响。

1. 股利收益的计算

要提出理论期货价格，需要计算融资成本和股利收益。融资成本相对简单易算，但股利收益却很难得到精确的结果。通过简化假定，可以计算两种简单情形下的股利支付，但这里存在两个问题：一是股利支付可能是连续但非平稳的，导致只能根据以往的股利支付情况对股利收益进行推断。二是在理论期货价格的推导中，没有考虑期间现金流，即假定所有现金流都发生在交割日。但实际上，需考虑中期股利收益对期货价格的影响。影响的大小不仅取决于股利大小和支付日期，而且取决于再投资的收益率。

2. 套利的困难

期货价格与现货价格的关系是建立在可套利的基础上的，如果套利成本很高或根本不能套利，那么实际的期货价格就会偏离理论价格。

利用股票指数期货进行套利的一个困难是，按指数中所有股票构造组合成本太高，一般交易者做不到或很困难，这也是股指期货采用现金交割的原因。另一个困难是，当交易者采用购入现货、卖空期货的策略套利时，需要缴纳证券保证金，这就会产生额外的成本，即套利不是无成本的。此外，许多交易对卖空都有特别的规定，这会影响套利的进行，在利率期货和外汇期货交易中，当现货与期货（远期）之间出现价格差异时，市场的套利和套汇行为会使得价格很快趋向合理。但在股指期货交易中，由于构造一个与指数对应的投资组合十分困难，投资者通常难以进行有效的套利。虽然可以构造一个较小的投资组合对指数进行跟踪，但面对的风险状况已经改变，不再是无风险套利了，这被称为跟踪错误风险。

3. 卖空限制

交易所对卖空的限制是导致套利困难的另一个因素。对卖空的限制通常有两方面：一是对卖空操作的规定，即卖空的价位必须高于前一笔交易的价格或等于前一笔但高于不同价的最后一笔交易的价格；二是对卖空收入使用的限制，在推导式（5-3）时，假定交易者可以使用卖空收入。实际上，个人投资者收不到这笔收入，相反，还要为卖空支付保证金。

4. 税收制度的影响

理论价格模型中不但忽略了税收对融资成本和股利收益的影响，而且也没有考虑现货市场与期货市场间可能存在的税收差异。

5. 市场利率变动

在上面公式的推导中都假定交割日前市场的无风险利率 r 恒为常数，但在实际中，r 可能是随时间变化的，即式（5－3）中的无风险利率是一个时间的函数。

第四节 利率期货评估

一、利率期货概述

（一）利率期货的定义

利率期货是指以某种付息凭证为标的资产的金融期货，是目前交易量最大的金融期货品种。根据证券投资的基本理论可知，利率的变化会对证券价格产生影响。随着各国纷纷放弃利率转而以货币供应量作为货币政策工具，利率的波动变得频繁且剧烈，投资者面临的风险也随之加大。利率期货就是适应投资者规避此类风险的需要而产生的。最早的利率期货是1975年10月芝加哥期货交易所推出的政府国民抵押协会抵押凭证期货合约。虽然这种期货合约最终是失败的，但继之推出的其他合约却大获成功，推动了利率期货市场的发展。

（二）利率期货的类型

利率期货合约的标的资产是某种价格与利率相关的固定收益证券，如国债、存款凭证等。这些证券的价格受利率变动的影响，因而对它们的交易价格进行锁定，实际上就锁定了利率波动的风险。

按照标的资产期限的长短，利率期货通常可分为短期利率期货和中长期利率期货。短期利率期货是指标的资产的期限低于1年的利率期货合约，主要标的资产的品种有3个月到期欧洲美元存款、3个月期国库券及1年期国库券等。中期利率期货合约标的资产的期限为1～10年，而长期利率期货合约标的资产的期限则在10年以上。由于这两种期货的报价方式与交割规定都有很大的不同，本章将分别介绍对它们的评估。

二、短期利率期货的评估

短期利率期货的标的资产是期限在 1 年以下、价格波动和利率水平相关的某种固定收益证券。目前，交易活跃的短期利率期货有美国短期国债期货和欧洲美元期货。

（一）短期国债期货概述

1. 基本概念

短期国债期货合约的交易主要在芝加哥商品交易所进行，其标的资产为 13 周短期国库券。在期货合约到期日前，标的资产是期限长于 90 天的短期国库券。例如，若期货合约在 90 天后到期，则合约的标的资产就是 180 天的短期国库券。

2. 报价方式

若面值为 100 美元，距到期日还有 N 天的短期国库券的现货价格为 S，则其报价为：$\frac{100-S}{100}\times\frac{360}{N}$。这是短期国库券提供的以年收益计算的收益，称为贴现率。若 90 天的短期国库券的现货价格为 99 美元，则其报价就是 4%。

与现货不同的是，短期国债期货采用的是指数报价方式，即 $P=100-i$。其中，i 指的是以分数形式表示的年贴现率。若 i 为 4%，则合约的报价指数就是 $100-4=96$。因此，短期利率期货合约的价格与利率呈反向变动。采用这种报价方式也是为了符合人们的一般思维习惯。如果直接以 i 作为短期利率期货的价格，那么当 i 上升时，投资者需要买入期货，而在 i 下跌时卖出，这就成了“贵买贱卖”。通过指数方式调整后，利率期货的买卖就和人们“贱买贵卖”的思维方式一致了。

（二）短期国债期货的评估

由于短期利率工具大多以贴现方式发行，到期偿付面值，因而可以看成无收益的证券。设现在是 t 时刻，短期国债期货合约的到期日为 T 时刻，那么合理的期货价格应为多少呢?

根据短期国债期货的定义可知，上述期货合约的标的资产是到期日为 T^* 的短期国库券。假定从 t 到 T、T^* 的无风险利率分别为 r_1 和 r_2，合约标的资产的面值为 100 美元，可分两步推出期货合约的合理价格。

首先，根据持有成本模型，需要知道标的资产的现货价格 P_s。以连续复利计算，其现货价格为 $P_f = 100e^{-r_2(T^*-t)}$。进一步地，可以得到期货合约的合理价格为：

$$P_f = P_s e^{r_1(T-t)} = 100e^{r_1(T-t)-r_2(T^*-t)} \quad (5-4)$$

其次，令 $t=0$，可以得到式（5－4）的一个较简单的形式：$P_f = 100e^{r_1T-r_2T^*}$。设 T 到 T^* 的远期利率为 $r_{1,2}$，由远期利率与即期利率的关系可知：

$$r_{1,2} = \frac{r_1T - r_2T^*}{T - T^*} \quad (5-5)$$

将式（5－5）代入式（5－4）可得到评估短期国债期货合理价格的最终表达式为：

$$P_f = 100e^{r_{1,2}(T-T^*)} \quad (5-6)$$

【例 5－3】 假定到期日为 180 天的国库券的利率为 8%（以年利计），到期日为 270 天的国库券的利率为 10%（以年利计）。180 天后交割的短期国债期货的价格应为多少？

解： 因为 $r_1=0.08$，$r_2=0.10$，$T=180$ 天，$T^*=270$ 天，所以根据式（5－5），远期利率为：

$$r_{1,2} = \frac{0.08\times180 - 0.10\times270}{180-270} = 0.14$$

又因为 $r_{1,2}=14\%$ 是以年利率计算的，而 $T^*-T=90$ 天 $=0.25$ 年，所以由式（5－6）可算出 180 天后交割的短期国债期货的合理价格为：

$$P_f = 100e^{0.14\times0.25} = 103.562 \text{（美元）}$$

（三）欧洲美元期货

欧洲美元是指存放在美国以外银行的美元存款，欧洲美元期货是目前交易最活跃的短期利率期货，其标的资产为 3 个月期的欧洲美元存单，主要在芝加哥商品交易所的国际货币市场分部和伦敦国际金融期货交易所

（LIFFE）进行交易。对于欧洲美元期货合约，公式中的 i 指的是 3 个月期欧洲美元存款的利率，度量的指标是伦敦银行同业拆放利率（LIBOR）。

欧洲美元期货的评估与短期国债期货的评估类似，但两者在两方面存在较大的差别：一是交割方面。短期国债期货合约到期可以进行实物交割，而欧洲美元期货只能进行现金结算。二是报价方面。短期国库券采用的是贴现率，而欧洲美元存款采用的是市场的实际利率，即 LIBOR。

三、中长期利率期货的评估

虽然短期利率期货合约的交易量最大，但若以合约标的资产的交易额计，中长期利率期货却是最大的。中长期利率期货的标的资产是某种长期利率工具，目前最成功的是芝加哥期货交易所（CBOT）推出的美国政府长期国债期货，因此，中长期利率期货有时也被称为债券期货。这部分将以 CBOT 的长期国债期货合约为例介绍与中长期利率期货评估有关的知识。

（一）长期国债期货概述

1. 报价方式

CBOT 交易的长期国债期货合约的面值通常为 100000 美元，采用以点报价的方式。每一点代表合约面值为 1%，对面值为 100000 美元的合约而言，一点即 1000 美元。长期国债期货的最小价格变动，即刻度值，为一点的 1/32，折算成货币额为 31.25 美元。

例如，若交易双方达成的期货价格为 95－16，即 95 再加上 16/32，则意味着双方同意的交易价格为合约面积的 95.5%，100000 × 95.5% = 95500（美元）。

长期国债的报价方式与期货相同，但购买者支付的现金与报价并不相同，还要加上应计利息，即现金价格 = 国债报价 + 上一付息日以来的应计利息。

2. 交割规定

中长期利率期货的交割方式比较复杂，这就导致了对其进行评估的困难。接下来介绍 CBOT 对长期国债期货交割的有关规定。

长期国债期货合约对应的标的资产是一种虚构的 20 年期息票利率为

6%（2000年3月以前为8%）、面值为100000美元的债券。长期国债期货交易的对象不是某种特定的债权，而是一种虚构的标准债券。设定这些标准债券的一个目的是保持国债期货交易的连续性和简单性。

虽然长期国债期货合约对应的标的资产是一种虚构的长期国库券，但并不意味着该期货合约需要采取现金交割的方式。CBOT规定，卖方可以在已发行的国库券中选择符合标准的品种进行交割。这里的标准是：对于不可提前赎回的国库券，被选择作为交割的证券从交割日到到期日的期限应不少于10年；而对于可提前赎回的国库券，要求的期限是从交割日算起15年内不能提前偿还。对交割的这种规定是为了防止出现“逼仓”的行为。由于期货交易量远远高于对应标的资产的交易规模，如果限定只有一种国债可用于期货合约的交割，那么投机者就可以轻易地通过同时大量买入期货和符合交割要求的债券来抬高国债的现货价格以获利。

对于中期国债期货而言，其对应的标的资产是一种虚构的10年期息票利率为6%（2000年3月前为8%）、面值为100000美元的中期国库券，可以交割债券要求从交割日到到期日的期限为6.5～10年。

（二）发票金额的确定

对长期国债期货合约交割的上述规定使得对该种期货的评估变得较为复杂，从上面的规定可以看到，其中没有对债券息票利率的要求，因而卖方可以任意选择符合上述时间规定但利率较低的债券品种进行交割，这样就难以确定用于交割的合约价值。因此就必须采用某种方法把所有可用于交割的债券的应付价格统一为息票利率为6%时的值。CBOT采用转换因子来确定交割应付价格，或称为发票金额。下面先给出发票金额的计算公式，然后再对其进行解释。公式如下：

$$IP = (P_f \times CF \times \$1000) + AI \tag{5-7}$$

其中，IP表示每份合约的发票金额；P_f表示期货合约的结算价格；CF表示转换因子；AI表示应付利息。

通过每份合约的发票金额IP得到交割价格，交割的应付价格＝IP×合约的规模。

接下来，对式（5－7）进行详细的说明。

1. 转换因子

转换因子由 CBOT 在每种有特定交割日的合约开始交易前确定，并在期货合约的交易期内保持不变。在交割日的前一天，卖方要通知买方实际将要交割的债券种类。转化因子的计算就是以标准息票利率6%为贴现率，将符合交割规定的债券在剩余期限的现金流折算成现值，再除以债券的面值。因此，计算某种债券的转换因子首先要确定该债券的剩余期限。在确定了剩余期限后，就可以利用公式计算转换因子。对于转换因子的具体计算方法，本书不作讨论。需要注意的是，由于期货的交割日是一月份的，因而计算出的债券的剩余期限通常只是近似值。相应的转换因子也是近似值。

2. 最便宜可交割债券

卖方在选择用于交割的债券时，当然要选择对其最划算的品种，这种债券就称为最便宜可交割债券，它的确定对期货合约的评估起着关键作用。下面简单介绍如何确定最便宜可交割债券。

当卖方卖出期货合约后，知道所有可交割债券的现货价格及期货价格，因而就可以计算出持有这些债券并在交割日交割所能获得的收益，把这样的收益称为隐含回购率，最便宜可交割债券就是所有可交割债券中隐含回购率最高的那种。

由于隐含回购率的计算较为复杂，采用另一种简捷的方法来判断最便宜可交割债券，即计算债券现金价格与发票金额之差，两者差距最小的就是最便宜可交割债券。

由于债券的现金价格可表示成：

$$\mathrm{CP} = P_n + \mathrm{AI} \tag{5-8}$$

其中，CP 表示现金价格；P_n 表示债券的报价；AI 表示应计利息。

与式（5－7）对照，得到两者之差为：

$$B = P_n N \times (P \times \mathrm{CF} \times \$1000) \tag{5-9}$$

其中，N 表示期货合约的规模；其他符号的含义同前。

B 最小值就是最便宜可交割债券。

（三）长期国债期货的评估

在期货理论价格的决定中，需要知道持有现货所能获得的收益。对于股票指数期货而言，收益是指到交割日所能获得的期望股利；而对于利率期货而言，收益是指到交割日所能获得的息票利率。

长期国债期货的标的资产是可存储的，因而对其理论价格的评估与股票指数期货类似。只要将长期国债看成可以提供固定收益的资产，就可以利用式（5－3）对其期货的价格进行评估了。

（四）评估中需要注意的问题

除了前面已介绍的期间现金流因素外，以下因素也有可能导致长期国债期货的实际价格偏离其理论价格，因此在实际评估中必须加以注意。

1. 用于交割的债券是不确定的

在中长期国债期货合约的交易中，CBOT 规定空头（卖方）有权选择实际用于交割的债券的品种，这被称为质量选择权。由于卖方总是选择最便宜可交割债券，交易者要正确计算期货价格就必须能够判断哪种债券是最便宜可交割债券。而若最便宜可交割债券在交易期内发生变动，则会改变原先计算的期货价格。

2. 交割时间都不确定

除了质量选择权，CBOT 还规定空方可以决定在交割月份实际进行交割的日子及在已确定的交割日中实际进行交割的时间，前者称为时间选择权，后者称为无规则的纸牌选择权，这也导致了利用式（5－4）确定的期货价格不能反映实际的期货价格。

质量选择权、时间选择权以及无规则的纸牌选择权统称为交割选择权，它们都是多头给予空头的权利。作为回报，多头为期货合约支付的价格应低于公式所计算的值，两者之差应当反映上述选择权的价值。

本章小结

1. 远期合约是指交易双方约定在未来的某一确定时间，按确定的价格买卖一定数量的某种金融资产的合约。

2. 远期合约包括远期利率协议、远期外汇合约和远期股票合约。

3. 期货合约是指由交易双方订立的、约定在未来某个日期按成交时约定的价格交割一定数量某种标的资产的标准化协议。

4. 期货合约包括外汇期货、利率期货和股票价格指数期货。

5. 外汇期货是指以某种货币作为标的资产的金融期货，是最早产生的一种金融期货。

6. 股票指数是根据某种规则构造的，用以反映股市整体价格波动情况的数量指标，股票指数期货就是合约标的物为某种股票价格指数的期货合约。

7. 利率期货是指以某种付息凭证为标的资产的金融期货，是目前交易量最大的金融期货品种。

章后习题

重要概念

金融期货　期货价格　远期合约与远期价格　外汇期货股票指数　期货现购—持有套利　基差持有成本　现金交割　短期国债期货　欧洲美元期货　长期国债　期货发票金额　转换因子　最便宜可交割债券　交割选择权

思考题

1. 试述期货合约与远期合约的主要区别。

2. 期货价格与远期价格、现货价格之间有什么关系？

3. 利率平价理论的实质是什么？

4. 试述短期国债期货与欧洲美元期货的主要区别。

5. 长期国债期货的标的资产是什么？可用于交割的债券应满足哪些条件？为什么这样规定？

6. 什么是最便宜可交割债券？如何选择？

参考文献

[1]朱新蓉,主编．货币金融学[M]．北京:中国金融出版社,2009.

[2]郑振龙,陈蓉,主编．金融工程[M]．北京:高等教育出版社,2020.

第六章　期权价值评估

章首导言

期权是一种可供投资者管理风险、获取杠杆效果以及增加收益的金融工具。期权是自20世纪70年代以来为丰富金融投资活动发展起来的一种新的金融交易形式。自从产生以来，期权发展非常迅速，应用非常广泛。如今，期权已经成为所有金融工具中功能最多和最具创造性的工具。

在本章中，我们将对期权的概念、类型和投资策略、金融期权价值的影响因素等问题做出系统论述，从而对期权有一个初步的认识。在此基础上，本章重点介绍金融期权的价值评估方法。

本章知识结构图

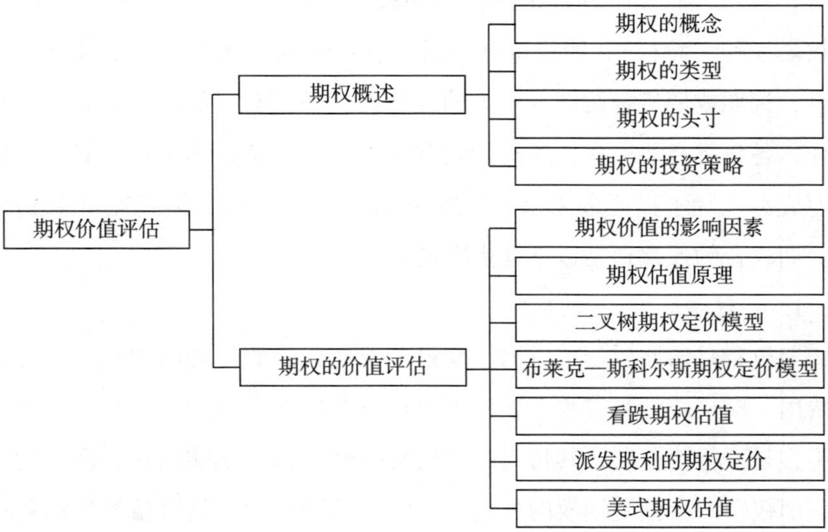

第一节 期权概述

一、期权的概念

（一）期权的定义

期权（Financial Option）是指允许合约双方中期权的买方向卖方支付一笔费用，以获得在未来某个时间以约定的价格购买或出售一项资产的权利的合约。对于期权的卖方而言，期权是一项义务而非权利，表示如果期权的买方选择执行期权，卖方就必须执行；如果买方选择不执行期权，卖方则无须执行；对于金融期权的买方而言，期权是一项权利而非义务，意味着在到期日或之前，买方可以选择不执行这份期权，即不进行交割。通常把期权的买方称为期权多头，把卖方称为期权空头。

期权在本质上不同于远期和期货合约。期权给予期权的持有者对某件事情的选择权，但期权持有者并不负有必须履行的义务。当执行期权可以获得收益时，期权持有者选择执行期权，否则不执行。在这种意义上说，期权是一种“特权”，因为持有人只享有权利而不承担相应的义务。与之相反，远期或期货合约中，双方的权利与义务是对等的，即双方相互承担责任，各自具有要求对方履约的权利。远期或期货合约中交易者们不需要任何成本（除了保证金要求）即可签订合约，而购买期权则需要初始成本。期权合约通常包括以下几点要素：

1. 期权费

期权费是指期权的买方为了获得期权所代表的权利向期权的卖方支付的费用。期权费是买方为了享有不对称权利而对卖方的一种弥补，最终无论买方是否行使权利，其付出的期权费一经支付均不能退还。在期权交易中，期权费的金额受期权的种类、期限及基础金融工具价格的波动程度所影响，是期权交易中最重要和最复杂的定价问题。

2. 执行价格

执行价格也可称为协议价格，是交易双方在期权合约中约定的期权买方在行使其权利时实际执行的价格。在金融期权交易中，执行价格具有确定性，在期权的有效期内不会随着基础金融工具的市场价格的波动而变化，一旦期权买方要求执行该金融期权，期权的卖方就必须按照该执行价格来履行期权合约。

3. 到期时间

期权买方行使其权利具有时间限制，必须在合约规定的时间内执行，若超出期限未执行则意味着买方放弃行使这一权利。期权根据执行时间的不同可分为欧式期权和美式期权：把只能在到期日当天执行的期权称为欧式期权；把到期日或到期日之前的任何时间都可以执行的期权称为美式期权。

4. 标的资产

以某一固定价格购买或出售股票、政府债券、货币、股票指数、商品期货等资产，称为期权的标的资产。期权是在这些标的物的基础上所衍生的金融工具。

期权出售人不一定实际拥有该标的资产，期权购买人也不一定购买标的资产。通常情况下，期权买卖双方在到期时不会对标的物进行实物交割，而只需按标的物市场价格与执行价格的价差补足价款即可。需要注意的是，期权持有人没有选举公司董事、决定公司重大事项的投票权，也不能获得该公司的股利。

拓展阅读 6－1

虽然早在古希腊和古罗马时期就已经出现了期权交易的雏形，但是直到 20 世纪 70 年代，期权交易都是在非正式的场外市场进行的，金融期权还处在可有可无的地位。1973 年，世界上第一个集中性的期权市场——芝加哥期权交易所（CBOE）的诞生，以及场内股票看涨期权的交易大获成功，标志着金融期权发展的重大突破。同年，经济学家布莱克和斯科尔斯在期权定价方面取得突破性研究，建立了为期权定价的 Black - Scholes 定价模型。得州仪器公司甚至还推出了装有期权价值计算的计算器。从此以后，新的期权品种也不断推出，从标准化的看涨期权到看跌期权，从股票期权到以其他金融资产为基础金融工具的期权，期权市场获得了前所未有的发展，期权市场的交易量也大幅增加。

二、期权的类型

期权的种类可以按照投资者的买卖行为、合约规定的履行时间、期权标的物的性质来划分。

（一）按照投资者的买卖行为划分

按照投资者的买卖行为划分，期权可以分为看涨期权和看跌期权。

1. 看涨期权

赋予期权持有人在到期日或到期日之前，以某一价格买入标的资产的权利称为看涨期权。其授予权利的特征是“购买”。因此，也可以称为“择购期权”“买入期权”或“买权”。

例如，某投资者购买了一份标的资产为 100 股 A 股票的买入期权。执行价格 $=100$ 元，股票现价 $=98$ 元，每股股票的期权价格 $=5$ 元，初始投资 $=100\times5=500$（元）。结果：

①在期权到期日 A 股股价为 115 元。此时，执行期权的收益为 $(115-100)\times100=1500$（元），考虑到期权的初始成本，净收益为 $1500-500=1000$（元）。

②在期权到期日 A 股股价为 95 元，此时，将不执行期权，投资损失为期权的初始成本 500 元。

看涨期权的执行净收入，即看涨期权到期日价值，是股票价格与执行价格之差。若到期日股票价格比执行价格高，看涨期权的到期日价值随标的资产价值的上升而上升；若到期日股票价格低于执行价格，则看涨期权没有价值。期权到期日价值没有考虑当初购买期权的成本。期权的购买成本称为期权费（或权利金），是指看涨期权购买人为获得在对自己有利时执行期权的权利所必须支付的补偿费用。期权到期日价值减去期权费后的剩余，称为期权购买人的“损益”。

2. 看跌期权

赋予期权持有人在到期日或到期日前，以固定价格出售标的资产的权利称为看跌期权。其授予权利的特征是“出售”。因此，也可以称为“择售期权”“卖出期权”或“卖权”。

例如，一名投资者买入了一份标的资产为100股A股票的卖出期权。执行价格=100元，股票现价=98元，每股股票的期权价格=5元，初始投资=100×5=500（元）。结果：

①在期权到期日A股股价为85元。此时，执行期权的收益为（100-85）×100=1500（元），考虑到期权的初始成本，净收益为1500-500=1000（元）。

②在期权到期日A股股价为115元，此时，将不执行期权，投资损失为期权的初始成本500元。

看跌期权的执行净收入，即看跌期权到期日价值，是执行价格与股票价格之差。如果到期日的股票价格低于执行价格，看跌期权的到期日价值随标的资产价值的下降而上升；如果到期日的股票价格高于执行价格，则看跌期权没有价值。看跌期权到期日价值没有考虑当初购买期权的成本。看跌期权的到期日价值减去期权费后的剩余，称为期权购买人的“损益”。

（二）按照合约规定的履行时间的不同划分

按照合约规定的履行时间的不同，期权可以分为欧式期权和美式期权。

1. 欧式期权

只能在到期日执行，既不能提前也不能推迟的期权为欧式期权。

2. 美式期权

可在到期日或到期日之前的任何一个营业日执行的期权为美式期权，

但是执行日期不能超过到期日，否则该美式期权会被作废。

（三）按照期权标的物性质的不同划分

按照期权标的物性质的不同，期权可以分为股票期权、股票指数期权、利率期权、货币期权和金融期货合约期权。

1. 股票期权

股票期权是指以股票为标的物，买方在交付期权费之后，即取得在合约规定的到期日或到期日以前按协议价买入或卖出一定数量相关股票的权利。

2. 股票指数期权

股票指数期权是指以股票指数为标的物，买方在支付了期权费后，即取得在合约有效期内或到期时以协定指数与市场实际指数进行盈亏结算的权利。股票指数期权没有可做实物交割的具体股票，采取现金轧差的方式结算。

3. 利率期权

利率期权是指以政府短期、中期、长期债券，欧洲美元债券，大额可转让定期存单等利率工具为标的物，买方在支付了期权费后，即取得在合约有效期内或到期时以一定的利率（价格）买入或卖出一定面额的利率工具的权利。

4. 货币期权

货币期权又可称为外币期权、外汇期权，主要以美元、欧元、日元、英镑、瑞士法郎、加拿大元及澳大利亚元等为标的物，是指买方在支付了期权费后，即取得在合约有效期内或到期时以约定的汇率购买或出售一定数额某种外汇资产的权利。

5. 金融期货合约期权

金融期货合约期权是一种以金融期货合约为交易对象的选择权，它赋予其持有者在规定时间内以协定价格买卖特定金融期货合约的权利。

三、期权的头寸

每一份期权合约都有两方的交易者。一方是持有期权多头头寸的投资者

（即购买期权合约的一方），另一方是持有期权空头头寸的投资者（即出售期权合约的一方）。对于看涨期权和看跌期权，共有四种基本的期权头寸：看涨期权的多头、看跌期权的多头、看涨期权的空头和看跌期权的空头。

（一）看涨期权的多头

买入看涨期权形成的金融头寸，被称为看涨期权的多头。看涨期权的买方拥有以执行价格买入股票的权利。

【例6－1】某欧式看涨期权以A公司股票为标的，执行价格为100元，到期日为1年后的今天，期权价格为5元。买入后，投资人就持有了看涨头寸，期待未来股价上涨以获取净收益。多头看涨期权的净损益有以下四种可能：

（1）到期日A公司股票的股价小于或等于100元，看涨期权买方不会执行期权，没有净收入，即期权到期日价值为零，其净损益为－5元（期权价值0元－期权成本5元）。

（2）到期日A公司股票的股价大于100元并小于105元，假设为103元，投资人会执行期权。以100元购买A公司的1股股票，在市场上将其出售得到103元，净收入为3元（股票市价103元－执行价格100元），即期权到期日价值为3元，买方期权净损益为－2元（期权价值3元－期权成本5元）。

（3）到期日A公司股票的股价等于105元，投资人会执行期权，取得净收入5元（股票市价105元－执行价格100元），期权到期日价值为5元。多头看涨期权的净损益为0元（期权价值5元－期权成本5元）。

（4）到期日A公司股票的股价大于105元，假如上涨到110元，投资者会执行期权，净收入为10元（股票市价110元－执行价格100元），即期权的到期日价值为10元。投资人的净损益为5元（期权价值10元－期权成本5元）。

综上所述，以上四种情况可用下式表达：

多头看涨期权到期日价值＝－max（股票市价－执行价格，0）

该式表明：如果股票市价＞执行价格，会执行期权，看涨期权价值等于“股票市价－执行价格”；如果股票市价＜执行价格，不会执行期权，看涨期权价值为零。因此，看涨期权到期日价值为“股票市价－执行价格”和“0”之间较大的一个。

多头看涨期权净损益＝多头看涨期权到期日价值－期权价格

多头看涨期权的损益状况如图6－1所示。

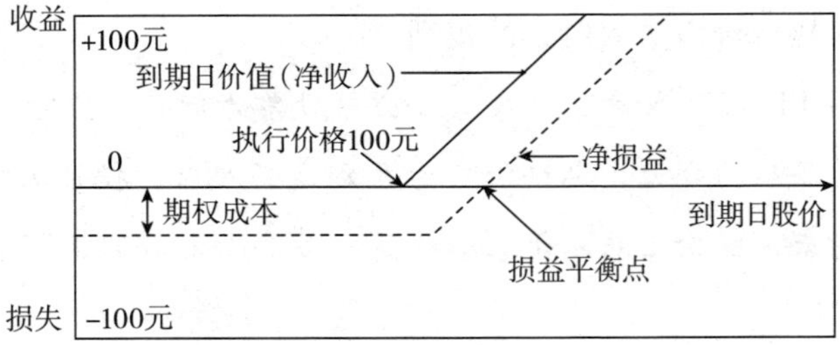

图6－1　多头看涨期权的损益状况

看涨期权损益的特点是：净损失有限（最大值为期权价格），而净收益却潜力巨大。那么，投资期权一定会比投资股票获得更多的收益吗？答案是不一定。例如，你有资金100元。投资方案一：以5元的价格购入A公司的20股看涨期权。投资方案二：购入A公司的股票1股。如果A公司股票到期日股价上涨到120元，购买期权的净损益＝20×（120－100）－20×5＝300（元），报酬率＝300÷100×100%＝300%；购买股票的净损益＝120－100＝20（元），报酬率＝20÷100×100%＝20%。可见，投资期权有巨大的杠杆作用。因此，其对投机者有巨大的吸引力。如果A公司股票的价格没有发生变化，购买期权的净收入为零，其净损失为100元；股票的净收入为零，其净损失为零。

（二）看跌期权的多头

买入看跌期权形成的金融头寸，被称为看跌期权的多头。看跌期权买方拥有以执行价格出售股票的权利。

【例6－2】某欧式看跌期权以A公司股票为标的，执行价格为100元，到期日为1年后的今天，期权价格为5元。买入后，投资者持有执行价格为100元的看跌期权。如果到期日股票市价为80元，投资者执行期权，以

100 元的价格售出，获利 20 元。如果股票价格高于 100 元，投资者会放弃执行期权，期权到期失效，收益为零。因此，到期日看跌期权买方损益的表达式为：

多头看跌期权到期日价值 = max（执行价格 - 股票市价，0）

多头看跌期权净损益 = 多头看跌期权到期日价值 - 期权价格

多头看跌期权的损益状况如图 6 - 2 所示。

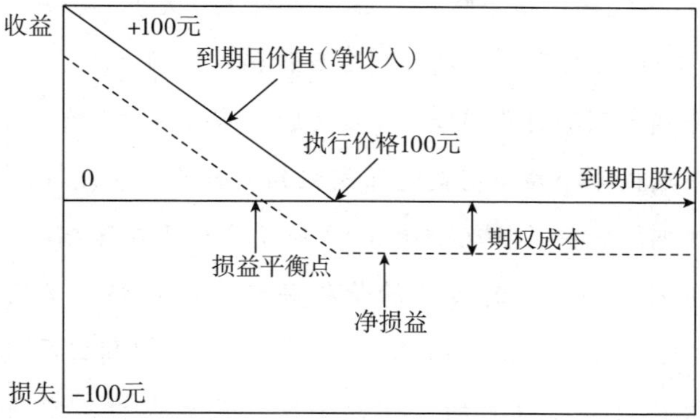

图 6 - 2　多头看跌期权的损益状况

（三）看涨期权的空头

卖出看涨期权形成的金融头寸，被称为看涨期权的空头。看涨期权的持有者具有以执行价格卖出股票的义务。看涨期权的卖方收取期权费，成为或有负债的持有人，负债的金额不确定。

【例 6 - 3】 某欧式看涨期权以 A 公司股票为标的，执行价格为 100 元，到期日为 1 年后的今天，期权价格为 5 元。卖方售出 1 股看涨期权，空头看涨期权的净损益有以下四种可能：

（1）股票市价小于或等于 100 元，买方不会执行期权。由于期权价格为 5 元，空头看涨期权的净收益为 5 元（期权价格 5 元 + 期权到期日价值 0 元）。

（2）股票市价大于 100 元并小于 105 元，例如，股票市价为 103 元，买方会执行期权。卖方有义务以 100 元执行价格出售股票，需要以 103 元补进 A 公司的股票，其净收入（即空头看涨期权到期日价值）为 - 3 元

（执行价格 100 元 - 股票市价 103 元）。空头看涨期权净收益为 2 元（期权价格 5 元 + 期权到期日价值 -3 元）。

（3）股票市价等于 105 元，期权买方会执行期权，空头净收入 -5 元（执行价格 100 元 - 股票市价 105 元），空头看涨期权的净损益为 0 元（期权价格 5 元 + 期权到期日价值 -5 元）。

（4）股票市价大于 105 元，假设为 100 元，多头会执行期权，空头净收入为 -10 元（执行价格 100 元 - 股票市价 110 元）。空头看涨期权净损益为 -5 元（期权价格 5 元 + 期权到期日价值 -10 元）。

空头看涨期权到期日价值 = - max（股票市价 - 执行价格，0）

空头看涨期权净损益 = 空头看涨期权到期日价值 + 期权价格

空头看涨期权的损益状况如图 6-3 所示。对于看涨期权来说，空头和多头的价值不同。如果标的股票的价格高于执行价格，多头的价值为正值，空头的价值为负值，金额的绝对值相同。如果标的股票的价格低于执行价格，期权被放弃，双方的价值均为零。无论怎样，空头得到了期权费，而多头支付了期权费。

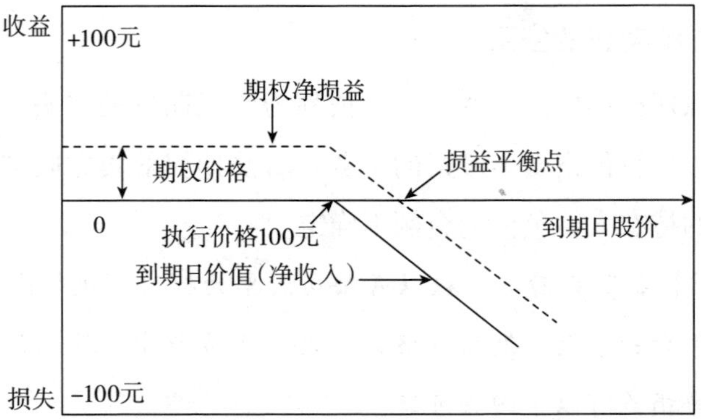

图 6-3　空头看涨期权的损益状况

（四）看跌期权的空头

卖出看跌期权形成的金融头寸，被称为看跌期权的空头。看跌期权的持有者具有以执行价格买入股票的义务。看跌期权的卖方收取期权费，成为或有负债的持有人，负债的金额不确定。

【例6-4】看跌期权的卖方收取期权费5元，售出1股执行价格100元、1年后到期的A公司股票的看跌期权。如果1年后股价高于100元，期权持有人不会去执行期权，期权出售者的负债变为0。该头寸的最大利润是期权价格。如果情况相反，1年后股价低于100元，期权持有人就会执行期权，期权出售者必须依约按执行价格100元购入股票。该头寸的最大损失是执行价格减去期权价格。

因此，到期日看跌期权卖方损益的表达式为：

空头看跌期权到期日价值 = -max（执行价格-股票市价，0）

空头看跌期权净损益 = 空头看跌期权到期日价值 + 期权价格

空头看跌期权的损益状况如图6-4所示。

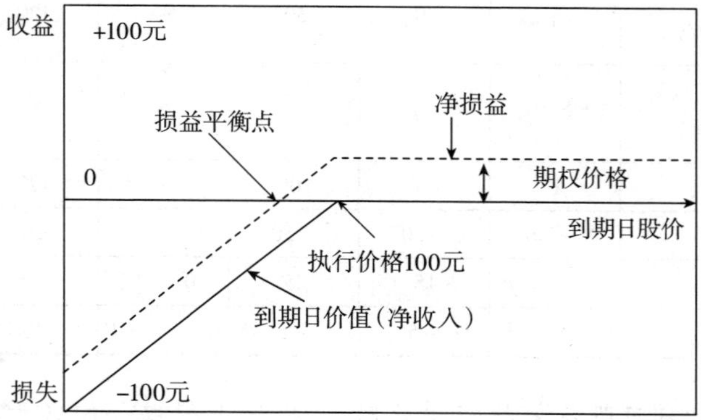

图6-4 空头看跌期权的损益状况

总之，标的股票的价格上涨，对看涨期权多头和看跌期权空头有利；标的股票的价格下降，对看涨期权空头和看跌期权多头有利。

四、期权的投资策略

根据期权头寸的内容可知单个股票期权的损益状态。由于期权具有构造不同损益的功能，投资者可以通过期权建立任意形式的损益状态，以达到控制投资风险的目的。本章介绍三种投资策略，每一种期权投资策略都涉及“买入”和“卖出”标的资产的两笔对冲交易。

（一）保护性看跌期权

在购买1股股票的同时，购入该股票的1股看跌期权，构建股票与多头看跌期权的组合，以获得在未来以固定价格“卖出”标的股票的选择权。该组合被称为保护性看跌期权。在投资股票的同时增加该股票的看跌期权，相对于单独投资股票，可以达到降低投资风险的目的。

【例6－5】买进1股A公司的股票，买入价 $S_0=100$ 元；与此同时，买进A公司股票的1股看跌期权，执行价格 $X=100$ 元，期权价格 $P=5$ 元，1年后到期。在不同股票市场价格下的净收入和净损益如表6－1和图6－5所示。

表6－1　保护性看跌期权的损益　　单位：元

项目	股价＜执行价格（行权）			股价＞执行价格（弃权）		
	符号	下降20%	下降50%	符号	上升20%	上升50%
股票净收入（一年后股价）	S_T	80	50	S_T	120	150
期权净收入（到期日价值）	$X-S_T$	20	50	0	0	0
组合净收入	X	100	100	S_T	120	150
股票净损益	S_T-S_0	－20	－50	S_T-S_0	20	50
期权净损益	$X-S_T-P$	15	45	$0-P$	－5	－5
组合净损益	$X-S_0-P$	－5	－5	S_T-S_0-P	15	45

（1）当到期日股价＜执行价格时：投资者行权，相当于以固定价格（执行价格 X）出售股票，锁定了组合的最低净收入（执行价格 X）；股价下跌损失（S_T-S_0）可以由期权净收入（到期日价值 $X-S_T$）抵补，从而锁定了最低净损益（$X-S_0-P$）。

（2）当到期日股价＞执行价格时：投资者弃权，只损失期权费；由于支付期权费，净损益的预期也同时降低。

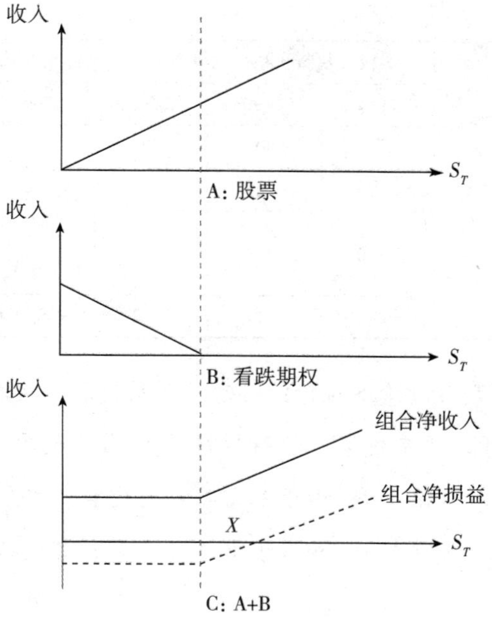

图 6-5　保护性看跌期权

（二）抛补性看涨期权

在购买 1 股股票的同时，出售该股票的 1 股看涨期权，构建股票与空头看涨期权组合，以承担在未来以固定价格“卖出”标的股票的潜在义务。这种组合被称为抛补性看涨期权。抛补性看涨期权所承担的到期出售股票的潜在义务可以被组合中持有的股票抵补，不需要另外补进股票。

【例6-6】同例【6-5】的数据，购入1 股 A 公司的股票，购入价格 S_0 = 100 元；同时出售该股票的 1 股看涨期权，期权价格 C = 8 元，执行价格 X = 100 元，1 年后到期。在不同股票市场价格下的净收入和净损益如表 6-2 和图 6-6 所示。

表 6-2　抛补性看涨期权的损益　　单位：元

项目	股价 < 执行价格（多头行权）			股价 > 执行价格（多头弃权）		
	符号	下降 20%	下降 50%	符号	上升 20%	上升 50%
股票净收入（一年后股价）	S_T	80	50	S_T	120	150
看跌期权净收入（到期日价值）	$-(0)$	0	0	$-(S_T - X)$	-20	-50

续表

项目	股价<执行价格（多头行权）			股价>执行价格（多头弃权）		
	符号	下降20%	下降50%	符号	上升20%	上升50%
组合净收入	S_T	80	50	X	100	100
股票净损益	$S_T - S_0$	-20	-50	$S_T - S_0$	20	50
期权净损益	$C - 0$	8	8	$C - (S_T - X)$	-12	-42
组合净损益	$S_T - S_0 + C$	-12	-42	$X - S_0 + C$	8	8

（1）当到期日股价>执行价格时：多头行权，抛补性看涨期权投资者（空头）相当于以固定价格（执行价格 X）出售股票，从而锁定组合的最大净收入（执行价格 X）；由于不需要补进股票（组合中持有），也锁定组合净损益（$X - S_0 + C$），相当于出售（放弃）超过执行价格的股票价值，换取期权费收入。

（2）当到期日股价<执行价格时：多头弃权，抛补性看涨期权投资者（空头）收取的期权费可以抵补一部分股价下跌损失，净损失小于单纯购买股票。

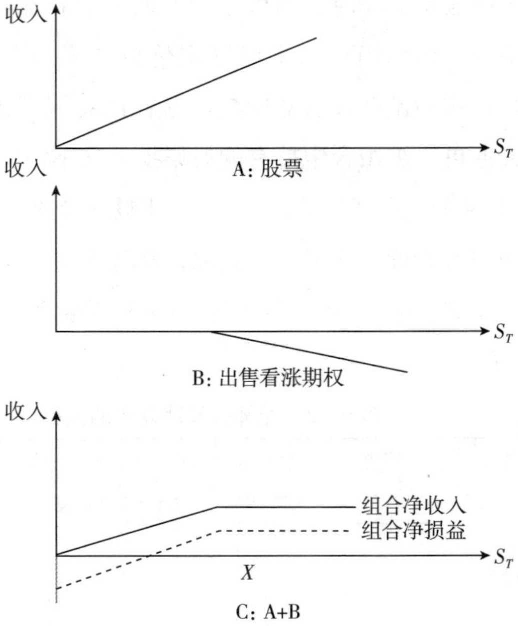

图 6-6　抛补性看涨期权

保护性看跌期权与抛补性看涨期权的比较如表6－3所示。

表6－3 保护性看跌期权与抛补性看涨期权的比较

		保护性看跌期权	抛补性看涨期权
相同点		购入1股票	
不同点	期权交易	多头（买入）看跌期权	空头（卖出）看涨期权
	期权费	费用	收入
	权利或义务	拥有按固定价格售出标的资产的选择权	承担按固定价格售出标的资产的潜在义务
	效果	股价＜执行价格，可以锁定最低净收入和最低净损益； 股价≥执行价格，支付期权费使预期净损益降低	股价≥执行价格，可以锁定最高净收入和最高净损益； 股价＜执行价格，收取期权费可以弥补股价下跌损失

（三）对敲

对敲策略分为多头对敲和空头对敲。

1. 多头对敲

多头对敲是指在购入一只股票看涨期权的同时也购入该股票的看跌期权，买入看涨期权可以获得在未来以固定价格“买入”标的股票的选择权，买入看跌期权可以获得在未来以固定价格“卖出”标的股票的选择权，它们的执行价格、到期日都相同。

当投资者预期市场价格将发生剧烈变动，但是无法预测变动的方向时，可以通过多头对敲策略获得收益。例如，某家公司即将面临未决诉讼的宣判，若胜诉，则股价预计大幅上涨；若败诉，则股价预计大幅下跌。无论结果是胜诉还是败诉，多头对敲策略都会取得收益。

【例6－7】同例【6－5】与例【6－6】的数据，A公司当前股价 $S_0=100$ 元；同时购入A公司1股看涨期权和1股看跌期权，执行价格 $X=100$ 元，期权成本 $P=5$ 元、$C=5$ 元，到期日均为1年。在不同股票市场价格下的净收入和净损益如表6－4和图6－7所示。

表 6－4　多头对敲的损益　　单位：元

项目	股价＜执行价格			股价＞执行价格		
	符号	下降 20%	下降 50%	符号	上升 20%	上升 50%
看涨期权净收入	0	0	0	$S_T - X$	20	50
看跌期权净收入	$X - S_T$	20	50	0	－20	－50
组合净收入	$X - S_T$	20	50	$S_T - X$	20	50
看涨期权净损益	$0 - C$	－5	－5	$S_T - X - C$	15	45
看跌期权净损益	$X - S_T - P$	15	45	$0 - P$	－5	－5
组合净损益	$X - S_T - P - C$	10	40	$S_T - X - P + C$	10	40

当股价偏离执行价格的差额超过期权的购买成本时，可以给投资者带来净收益。多头对敲的最坏结果是到期股价与执行价格一致，组合净收入最小，组合净损失最大，损失了看涨期权和看跌期权的购买成本。

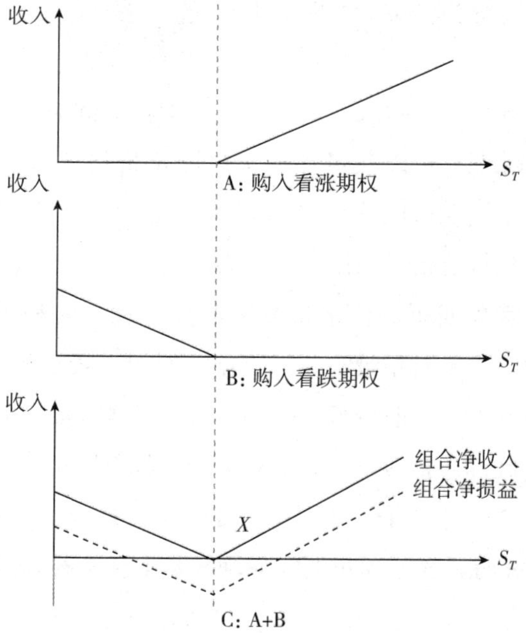

图 6－7　多头对敲

2. 空头对敲

空头对敲是指同时卖出一只股票的看涨期权和看跌期权，售出看涨期权需要承担在未来以固定价格“卖出”标的股票的潜在义务，售出看跌期权需要承担在未来以固定价格“买入”标的股票的潜在义务，它们的执行价格、到期日都相同。

当投资者预期市场价格的变动相对比较稳定时，采用空头对敲策略可以获得收益 。

【例6－8】同例【6－7】的数据，A公司当前股价 S_0 ＝100元；同时卖出A公司1股看涨期权和1股看跌期权，执行价格 X＝100元，期权成本 P＝5元、C＝5元，到期日均为1年。在不同股票市场价格下，空头对敲组合的净收入和净损益如表6－5和图6－8所示。

表6－5　空头对敲的损益　　单位：元

项目	股价＜执行价格			股价＞执行价格		
	符号	下降20%	下降50%	符号	上升20%	上升50%
看涨期权净收入	0	0	0	$-(S_T - X)$	－20	－50
看跌期权净收入	$-(X - S_T)$	－20	－50	0	0	0
组合净收入	$-(X - S_T)$	－20	－50	$-(S_T - X)$	－20	－50
看涨期权净损益	C	5	5	$C - (S_T - X)$	－15	－45
看跌期权净损益	$P - (X - S_T)$	－15	－45	P	5	5
组合净损益	$P + C - (X - S_T)$	－10	－40	$P + C - (S_T - X)$	－10	－40

当空头对敲的股价偏离执行价格的差额小于期权的出售收入时，才能给投资者带来净收益。空头对敲的最好结果是到期股价与执行价格一致，投资者白白赚取出售看涨期权和看跌期权的收入。

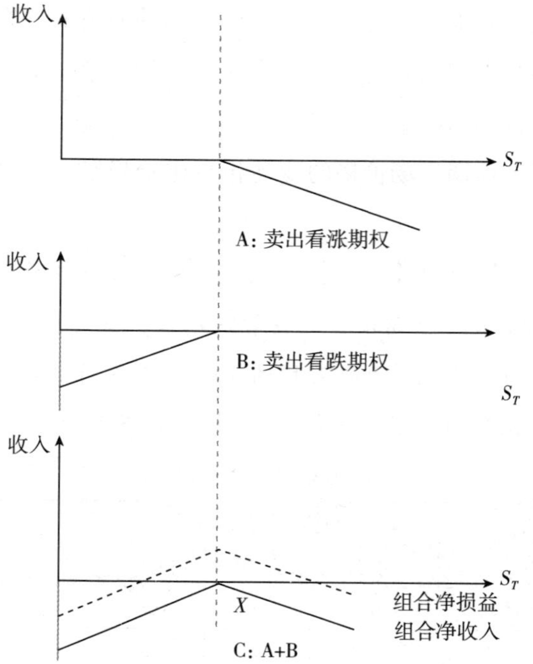

图6-8　空头对敲

第二节　期权的价值评估

一、期权价值的影响因素

（一）期权的内在价值和时间价值

期权价值由内在价值和时间价值两部分构成。

1. 内在价值

内在价值也称履约价值，是期权合约本身所具有的价值，是指在履行合约时可获得的总利润。当总利润小于零时，内在价值为零。期权内在价值的大小由该期权的协定价格与其标的物市场价格之间的关系决定。根据协定价格与标的物市场价格的关系，可将期权分为实值期权、虚值期权和平价期权三种类型。

对于看涨期权，当市场价格超出协定价格时，期权的买方会选择执行期权以获得收益，此时的期权为实值期权；当市场价格低于协定价格时，期权的买方选择放弃执行期权，此时的期权为虚值期权。对于看跌期权，市场价格低于协定价格的情况下为实值期权；市场价格超出协定价格的情况下为虚值期权。此外，当市场价格与协定价格相等时，看涨期权与看跌期权均为平价期权。三者的内在价值并不相同，从理论上来说，实值期权的内在价值为正，虚值期权的内在价值为负，平价期权的内在价值为零。由于期权合约赋予买方选择是否执行期权的权利，在实践中，不管是看涨期权还是看跌期权，又或者是期权标的物的市场价格多少，期权的内在价值都必然大于零或等于零，而不可能为负值；当期权的内在价值为负时，买方可以选择放弃期权。

2. 时间价值

期权的时间价值（Time Value）是指期权有效期内标的资产价格波动为期权持有者带来收益的可能性所隐含的价值，实质上是期权在其到期之前具有获利潜力的价值。当期权标的资产价格发生变动时，其所带来的期权价值的变化是不对称的，这一不对称性，使得期权总价值超过了其内在价值，超出的部分就是期权的时间价值。

（二）影响期权价值的主要因素

期权价值是指期权的现值，不同于期权的到期日价值。影响期权价值的主要因素有标的物价格的波动率、执行价格与市场价格、权利期间、无风险利率、期权有效期内预计发放的红利。

1. 标的物价格的波动率

标的物价格的波动性越大，期权价格越高；波动性越小，期权价格越低。这是因为，在期权标的物价格具有较大波动的情况下，期权到期时标的物的市场价格大概率会上涨到协定价格之上或者下跌到协定价格之下。因此，期权的时间价值以及期权价格会随着标的物价格波动的增大而提高，随着标的物价格波动的缩小而降低。在对期权进行估值时，标的物价格的波动性是重要的考虑因素。

2. 执行价格与市场价格

执行价格与市场价格对期权价格具有重要的影响。执行价格与市场价格的关系同时决定了期权内在价值的大小和时间价值的大小。通常情况下，当执行价格与市场价格具有越大的差距时，期权的时间价值越小；反之，则期权的时间价值越大。由于时间价值是市场参与者在对标的物市场价格变动而引起内在价值变动进行预测之后所愿意付出的代价，当期权位于实值或虚值的两个极端时，市场价格具有很小的变动空间。只有当执行价格与市场价格非常接近或为平价期权时，市场价格的变动才有可能增加期权的内在价值，从而引起其时间价值的增加。

3. 权利期间

权利期间是指期权剩余的有效时间，即期权成交日至期权到期日的时间。在其他条件不变的情况下，权利期间越长，期权价格越高；反之，期权价格越低。

4. 无风险利率

当利率越高时，投资者需要投入越高的成本购买股票并持有到期，导致购买期权的动力越强。因此，看涨期权的价格随着无风险利率的增加而增加。对于看跌期权来说，情况正好与此相反。

5. 期权有效期内预计发放的红利

在除息日后，股票价格会随着红利的发放而降低，进而引起看涨期权价格的下跌。反之，看跌期权价格会随着股票价格的下降而上升。由此可知，看涨期权与预期红利大小的变动方向相反，而看跌期权价值与预期红利大小的变动方向一致。

以上变量对期权价格的影响如表 6－6 所示。

表 6－6　一个变量增加（其他变量不变）对期权价格的影响

影响因素	欧式期权		美式期权	
	看涨期权	看跌期权	看涨期权	看跌期权
标的物价格的波动率	+	+	+	+
市场价格	+	－	+	－
执行价格	－	+	－	+

续表

影响因素	欧式期权		美式期权	
	看涨期权	看跌期权	看涨期权	看跌期权
权利期间	不一定	不一定	+	+
无风险利率	+	−	+	−
预期红利	−	+	−	+

二、期权估值原理

（一）复制原理与套期保值原理

构建一个股票和借款的适当组合，使得无论股价如何变动投资组合的损益都与期权相同，那么，创建该投资组合的成本就是期权的价值。复制原理可由例题【6－9】表示。

【例6－9】若A公司的股票当前的市场价值为20元。有1股以该股票为标的资产的看涨期权，执行价格为22元，到期时间是6个月，到期前预期A公司派发股利。6个月以后股价有两种可能：上升25%，或者下降20%，无风险利率为每年4%。

现构建一个用一定量自有资金加一部分借款投资于A公司股票的对冲组合，使得无论股价如何变动，该对冲组合6个月后的价值与购进该看涨期权的到期日价值相等，则创建该组合的成本（自有资金）等效于该看涨期权的当前价值。

可以通过下列过程来确定投资组合：

(1) 确定6个月后可能的股票价格。假设股票当前价格为S_0，未来变化有两种可能：上升后股价S_u和下降后股价S_d。为便于用当前价格表示未来价格，设$S_u = u \times S_0$，u为股价上行乘数；$S_d = d \times S_0$，d为股价下行乘数。用二叉树图形表示的股价分布如图6－9所示，图的左侧是一般表达式，右侧是将例【6－9】的数据代入的结果。其中，$S_0 = 20$元，$u = 1.25$，$d = 0.8$。

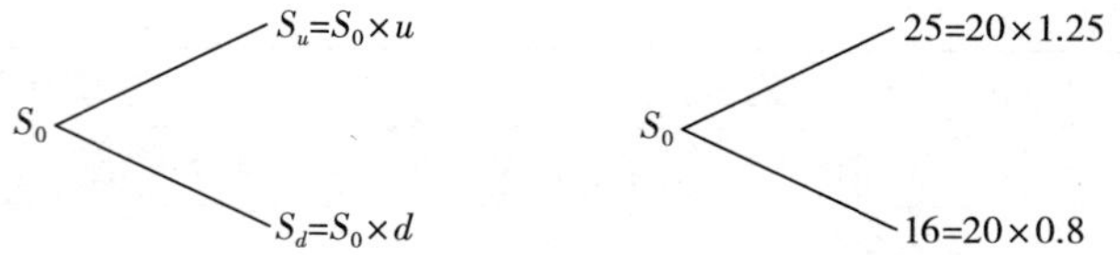

图 6－9　股票价格公布

（2）确定看涨期权的到期日价值。由于执行价格 $X=22$ 元，到期日看涨期权的价值如图 6－10 所示。左边是一般表达式，右边是代入本例数据后的结果。

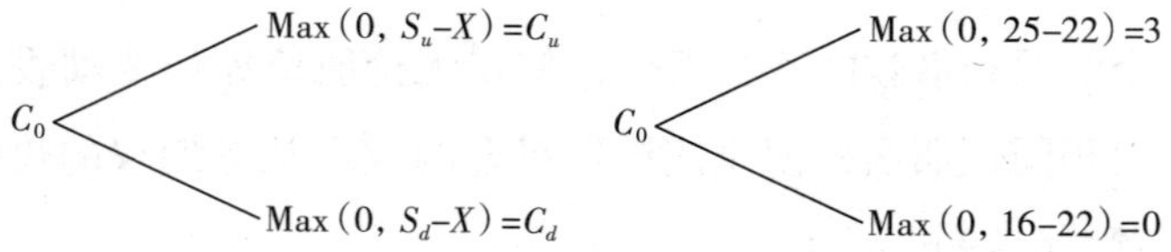

图 6－10　看涨期权到期日价值分布

（3）建立对冲组合。上面已经知道了期权的到期日价值有两种可能：股价上行时为 3 元，股价下行时为 0 元。已知借款的利率为 2%（半年）。复制一个股票与借款的投资组合，使之到期日的价值与看涨期权相同。

该投资组合为：购买 0.3333 股的股票，同时，以 2% 的利息借入 5.23 元。这个组合的收入同样也依赖于年末股票的价格，如表 6－7 所示。

表 6－7　投资组合的收入　　单位：元

投资组合	项目	股价上涨（行权）	股价下跌（弃权）
股票投资组合	股票到期日价格	25	16
	组合中股票到期日收入	25×0.3333＝8.33	16×0.3333＝5.33
	借款本利和偿还	5.23×1.02＝5.33	5.23×1.02＝5.33
	到期日收入合计	3	0
初始投资	购买股票支出	20×0.3333＝6.67	20×0.3333＝6.67
	借款本金	5.23	5.23
	初始投资（自有资金）	1.44	1.44
看涨期权投资	到期日价值	25－22＝3	0
	期权价值（现值）	1.44	1.44

该组合的到期日净收入分布与购入看涨期权一样。因此，看涨期权的

价值应当与建立投资组合的成本一样。

组合投资成本 = 购买股票支出 - 借款 = 20 × 0.3333 - 5.23 = 1.44（元）

因此，该看涨期权的价格应当是 1.44 元（见图 6 - 11）。

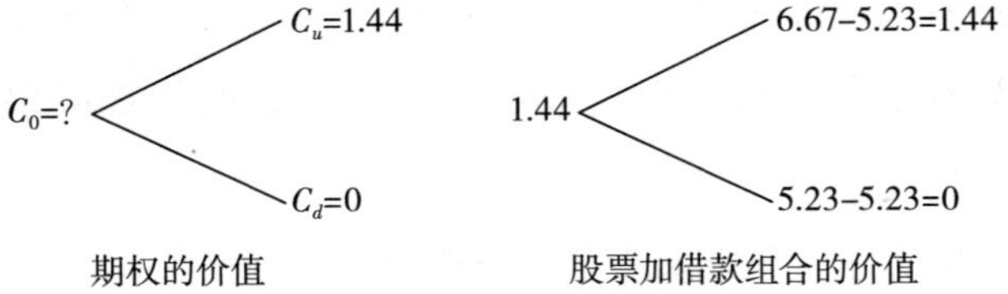

图 6 - 11 期权与股票加借款组合的价值

通常采用套期保值比率（或称套头比率、对冲比率、德尔塔系数），用 H 来表示，来确定复制组合的股票数量和借款数量，使投资组合的到期日价值与期权相同。套期保值比率公式为：

$$H = \frac{C_u - C_d}{S_u - S_d} = \frac{C_u - C_d}{S_0 \times (u - d)} \qquad (6-1)$$

（二）风险中性原理

1. 风险中性原理

风险中性原理，是指设定投资者对待风险的态度是中性的，所有证券的预期报酬率都应当是无风险利率。风险中性的投资者不需要额外的收益补偿其承担的风险。此时，如果将期望值采用无风险利率进行折现，可以得到现金流量的现值。

2. 应用风险中性原理进行期权估值

购入一股看涨期权，支付期权费（期权价值）C_0，预期获得期权到期日价值的期望值，期权到期日价值是以标的股票的股价变动概率为权数的加权平均值。若期权价值是公平的，则该项投资的期望报酬率应为无风险报酬率 r，即：

$$C_0 \times (1 + r) = C_0 \times P_u + C_d \times (1 - P_u) \qquad (6-2)$$

$$C_0 = \frac{C_u \times P_u + C_d \times (1 - P_u)}{(1 + r)} \qquad (6-3)$$

其中，假设标的股票的未来价格是两种可能值中的一个，P_u 代表上行概率，即股价上涨的概率；$(1-P_u)$ 代表下行概率 P_d，即股价下跌的概率。

3. 风险中性原理的应用

（1）确定股价的上行概率与下行概率；

期望报酬率 = 上行概率 × 上行时报酬率 × 下行概率 × 下行时报酬率

假设股票不派发红利，股票价格的上升百分比就是股票投资的报酬率，因此有：

期望报酬率 = 上行概率 × 股价上升百分比 × 下行概率 × 股价下降百分比

根据这个原理，在期权定价时只要先求出期权执行日的期望值，然后用无风险利率折现，就可以求出期权的现值。

由此可推出：

$$\text{上行概率 } P_u = \frac{\text{每期无风险利率} + |\text{下行时报酬率}|}{\text{上行时报酬率} + |\text{下行时报酬率}|}$$

$$= \frac{\text{每期无风险利率} + \text{下降百分比}}{\text{上升百分比} + \text{下降百分比}} \qquad (6-4)$$

$$\text{下行概率 } P_d = 1 - \text{上行概率 } P_u \qquad (6-5)$$

（2）依据股价的上行概率式（6-4）与下行概率式（6-5），计算期权到期日价值的期望值；

（3）将期权到期日价值的期望值用无风险报酬率折现，求出期权的现值（价值）。

【例6-10】依据例【6-9】中A公司看涨期权的有关数据，有：

（1）上行概率 $P_u = \dfrac{2\% + 20\%}{25\% + 20\%} = 0.4889$

（2）期权到期日价值的期望值 $= 3 \times 0.4889 + 0 \times (1 - 0.4889) = 1.47$（元）

（3）期权的现值（价值）$= 1.47 \div 1.02 = 1.44$（元）

（三）期权定价不公允时的套利方法——以看涨期权为例

当期权定价不公允时，通过构建期权交易、股票交易、资金借贷三者之间的"对冲"交易进行套利。

1. 当期权价格被低估，即期权市价 < 期权价值时

（1）买入看涨期权，以获得在未来以固定价格“买入”标的股票的选择权；

（2）“卖出”标的股票，数量为套期保值比率；

（3）“贷出”剩余资金，金额为套期保值原理中的借款额。

【例 6－11】 假设例【6－9】中 A 公司的看涨期权被低估，价格 =1.3 元 < 1.44 元，应买入被市场低估的期权，获取套利利润 1.44－1.3 =0.14（元）。

套利过程为：买入 1 份看涨期权，卖空 0.3333 股股票，同时借出 5.23 元。预期现金流量如表 6－8 所示。

表 6－8　看涨期权被低估时的现金流量　　单位：元

当前套利交易	当前现金流量	6 个月后现金流量	
		股价上行	股价下行
卖空 0.3333 股股票	20 ×0.3333 =6.67	－25 ×0.3333 = －8.33	－16 ×0.3333 = －5.33
买入 1 份看涨期权	－1.3	25 －22 =3	0
借出资金	－5.23	5.23 ×1.02 =5.33	5.23 ×1.02 =5.33
现金流量合计	0.14	0	0

可见，通过套利，无论未来股价如何变动，均使未来现金净流量 =0，但当期可获得 0.14 元现金。

2. 当期权价格被高估，即期权市价 > 期权价值时

（1）卖出看涨期权，以承担在未来以固定价格“卖出”标的股票的潜在义务；

（2）“买入”标的股票，数量为套期保值比率；

（3）“借入”剩余资金，金额为套期保值原理中的借款额。

【例 6－12】 假设例【6－9】中 A 公司的看涨期权被高估，价格 =1.5 元 > 1.44 元，应卖出被市场高估的期权，获取套利利润 1.5－1.44 =0.06（元）。

套利过程为：卖出 1 份看涨期权，买入 0.3333 股股票，同时借入 5.23 元。预期现金流量如表 6－9 所示。

表 6-9 看涨期权被高估时的现金流量 单位：元

当前套利交易	当前现金流量	6 个月后现金流量	
		股价上行	股价下行
买入 0.3333 股股票	-20×0.3333 = -6.67	25×0.3333 = 8.33	16×0.3333 = 5.33
卖出 1 份看涨期权	1.5	-（25-22）= -3	0
借入资金	5.23	-5.23×1.02 = -5.33	-5.23×1.02 = -5.33
现金流量合计	0.06	0	0

可见，通过套利，无论未来股价如何变动，均使未来现金净流量=0，但当期可获得0.06元现金。

三、二叉树期权定价模型

（一）单期二叉树定价模型

1. 二叉树模型的假设

（1）市场投资没有交易成本；

（2）投资者都是价格的接受者；

（3）允许完全使用卖空所得款项；

（4）允许以无风险利率借入或贷出款项；

（5）未来股票的价格将是两种可能值中的一个。

2. 单期二叉树公式的推导

构建一个“抛补性看涨期权”投资组合：

（1）一定数量（套期保值比率）的股票多头头寸（购入股票）；

（2）该股票的看涨期权的空头头寸（出售看涨期权），使该组合实现完全套期保值，产生无风险报酬率。

【例 6-13】以例【6-9】中 A 公司的看涨期权为例，购入 0.3333 股股票，同时卖出 1 份看涨期权，可实现完全的套期保值，即该“抛补性看涨期权”投资组合可获得确定的未来现金流量，产生无风险报酬率，如表 6-10所示。

表6-10 "抛补性看涨期权"投资组合的现金流量 单位：元

交易策略	当前（0时刻）	到期日 $S_u=25$	到期日 $S_d=16$
抛出1股看涨期权	$+C_0$	$-C_u=-3$	$-C_d=0$
购入0.3333股股票	$-0.3333\times20=-6.67$	$0.3333\times25=8.33$	$0.3333\times16=5.33$
合计净现金流量	$+C_0-6.67$	5.33	5.33

投资组合的初始现金净流量为负值

现金净流出量＝出售期权收入－股票投资＝$C_0-H\times S_0=C_0-6.67$

6个月后，股价上行的投资组合价值

＝股票价值－期权到期日价值＝$H\times S_u-C_u=0.3333\times25-3=5.33$（元）

同理，若股价下行低于执行价格，则 $C_d=0$，有：

股价下行的投资组合价值＝$H\times S_d-C_d=0.3333\times16-0=5.33$（元）

可见，无论股价上升还是下跌，抛补性看涨期权都将获得确定的未来现金流量5.33元，即实现完全的套期保值，风险为0。因此，若期权价值是公平的，投资该抛补性看涨期权的期望报酬率应为无风险报酬率2%。

由此推出，该抛补性看涨期权的初始投资额为：

$$5.33\div(1+2\%)=5.23\text{（元）}$$

即该抛补性看涨期权的初始现金净流量为：

$$C_0-6.67=-5.23\text{，解得：}C_0=1.44\text{（元）。}$$

期权的公平市场价值只能是1.44元，任何偏离1.44元的期权价格都将使无风险套利行为的报酬率偏离无风险报酬率，而这在有效市场中不可能成立。

【例6-14】 若期权被高估，价格 $C_0=1.5$ 元，则上述抛补性看涨期权的初始现金流量为 $1.5-6.67=-5.17$ 元，预期收益率为 $5.33=5.17\times(1+r)$，解得 $r=3.09\%>$ 无风险报酬率2%。

期权价值 C_0 的推导：

由完全套期保值的"抛补性看涨期权"投资组合，可得式（6-6）：

$$(H\times S_0-C_0)\times(1+r)=H\times S_u-C_u=H\times S_d-C_d \quad (6-6)$$

令 $S_u=S_0\times u$，有：

$$(H \times S_0 - C_0) \times (1 + r) = H \times S_0 \times u - C_u \quad (6-7)$$

整理，得：

$$C_0 = HS_0 - \frac{uHS_0 - C_u}{1 + r} \quad (6-8)$$

依据套期保值原理，有：$H = \frac{C_u - C_d}{(u - d)S_0}$，将其代入式（6－8），得：

$$C_0 = \left(\frac{1 + r - d}{u - d}\right) \times \frac{C_u}{1 + r} + \left(\frac{u - 1 - r}{u - d}\right) \times \frac{C_d}{1 + r} = \frac{P_u \times C_u + P_u \times C_d}{1 + r} \quad (6-9)$$

其中，S_0 表示股票现行价格；u 表示股价上行乘数；d 表示股价下行乘数；r 表示无风险利率；C_0 表示看涨期权现行价格；C_u 表示股价上行时期权的到期日价值；C_d 表示股价下行时期权的到期日价值；X 表示看涨期权执行价格；H 表示套期保值比率；由式（6－9）可知，二叉树期权估值模型中，决定期权价值的因素包括：

（1）期权到期日价值：C_u 和 C_d；

（2）上行乘数和下行乘数：u 和 d；

（3）每期的无风险报酬率：r。

【注意】二叉树期权定价模型主要是套期保值原理或风险中性原理（优选方法）的具体应用形式，其主要优势体现在期权估值的多期模型中。

（二）两期二叉树模型

由于单期的定价模型通常只能用计算时间很短的期权。当到期时间很长时，只能通过把到期时间分割成两部分，以增加股价的选择的方法进行计算。在此基础上还可以进一步分割，如果分割的期间无限小，股价就成了连续分布，形成布莱克—斯科尔斯模型。简单地说，由单期二叉树模型向两期二叉树模型的扩展，其实是单期二叉树模型的两次应用。

【例 6－15】D 公司的股票当前的市场价值为 50 元，看涨期权的执行价格为 52.08 元，每期股价有两种可能：上升 22.56% 或下降 18.4%；无风险利率为每 3 个月 1%。用二叉树图示表示有关数量的关系。两期二叉树的一般形式如图 6－12 所示。将例【6－15】中的数据填入后如图 6－13 所示。

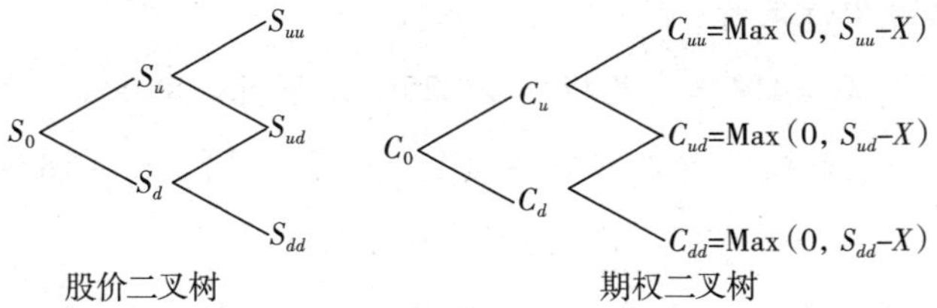

图 6－12　两期二叉树的一般形式

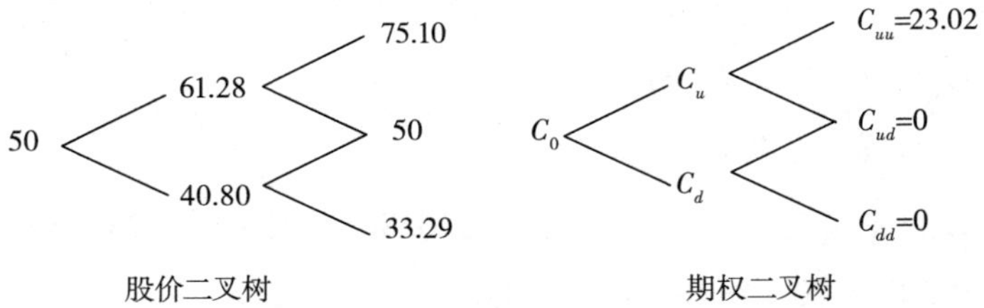

图 6－13　两期二叉树的数据

首先，利用单期定价模型，根据 C_{uu} 和 C_{ud} 计算 C_u 的价值；其次，利用单期定价模型，根据 C_u 和 C_d 计算 C_0 的价值，由后向前推进。

可以通过复制组合定价和风险中性定价两种办法计算 C_u 的价值：

（1）复制组合定价：

$$H = (23.02-0) \div (75.10-50) = 0.91713$$

借款 =（50 × 0.91713）÷ 1.01 = 45.855 ÷ 1.01 = 45.40（元）

组合收入的计算如表 6－11 所示。

表 6－11　投资组合的收入　　单位：元

股票价格	6 个月后股价 = 75.10	6 个月后股价 = 50
组合中股票到期日收入	75.10 × 0.91713 = 68.88	50 × 0.91713 = 45.86
组合中借款本利和偿还	－45.86	－45.86
组合的收入合计	23.02	0

3 个月后股票上行的价格是 61.28 元。

$$C_u = 投资成本 = 购买股票支出 - 借款 =$$

$$61.28 \times 0.91713 - 45.40 = 10.80\ （元）$$

由于 C_{ud} 和 C_{dd} 的值均为零，C_d 的值也为零。

（2）风险中性定价：

期望回报率 =1% = 上行概率 ×225% + 下行概率 ×（−18.4%）

1% = 上行概率 ×2.56% + （1 − 上行概率）×（−18.4%）

上行概率 =0.47363

期权价值 6 个月后的期望值 =0.47363 ×23.02 +

（1 −0.47363）×0 =10.9030（元）

C_u =10.9030 ÷1.01 =10.80（元）

根据 C_u 和 C_d 计算 C_0 的价值。

（1）复制组合定价：

H = 期权价值变化 ÷ 股价变化 = （10.80 −0）÷（61.28 −40.80）

=10.80 ÷20.48 =0.5273

借款 = （40.80 ×0.5273）÷1.01 =21.3008（元）

组合收入的计算如表 6 −12 所示。

表 6 −12　投资组合的收入　　单位：元

股票价格	3 个月后股价 =61.28	3 个月后股价 =40.80
组合中股票到期日收入	61.28 ×0.5273 =32.31	40.80 ×0.5273 =21.51
组合中借款本利和偿还	21.30 ×1.01 =21.51	21.51
收入合计	10.80	0

C_0 = 投资成本 = 购买股票支出 − 借款 =50 ×0.5273 −21.3008 =5.06（元）

（2）风险中性定价：

C_0 =0.47363 ×10.80 ÷1.01 =5.06（元）

两期二叉树模型的公式推导过程如下：

设：C_{uu} = 标的资产两个时期都上升的期权价值；C_{dd} = 标的资产两个时期都下降的期权价值；C_{ud} = 标的资产一个时期上升、另一个时期下降的期权价值；其他参数使用的字母与单期定价模型相同。

利用单期定价模型，计算 C_u 和 C_d：

$$C_u = \left(\frac{1+r-d}{u-d}\right)\frac{C_{uu}}{1+r} + \left(\frac{u-1-r}{u-d}\right)\frac{C_{ud}}{1+r} \quad (6-10)$$

$$C_d = \left(\frac{1+r-d}{u-d}\right)\frac{C_{ud}}{1+r} + \left(\frac{u-1-r}{u-d}\right)\frac{C_{dd}}{1+r} \qquad (6-11)$$

根据式（6－10）和式（6－11）计算出 C_u 和 C_d 后，然后根据单期定价模型公式（6－9）计算出 C_0 。

$$C_0 = \left(\frac{1+r-d}{u-d}\right)\times\frac{C_m}{1+r} + \left(\frac{u-1-r}{u-d}\right)\times\frac{C_d}{1+r} = \frac{P_u \times C_u + P_u \times C_d}{1+r}$$

（三）多期二叉树模型

为了使期权价值更接近实际，需要继续增加分割的期数。理论上，与两期二叉树模型相同，是从后向前逐级推进，只不过多了一个层次。不过期数增加之后存在的主要问题是如何确定股价上升与下降的比例。随着期数的增加，要调整价格变化的涨跌幅，以保证年报酬率的标准差不发生变化。把年报酬率标准差和升降百分比联系起来的公式是：

$$u = 1 + 上升百分比 = e^{\sigma\sqrt{t}} \qquad (6-12)$$

$$d = 1 - 下降百分比 = 1 \div u \qquad (6-13)$$

其中，e 表示自然常数，约等于 2.7183；σ 表示标的资产连续复利报酬率的标准差；t 为以年表示的时段长度。

三、布莱克—斯科尔斯期权定价模型

将期权到期时间划分为多期，把单期二叉树模型进行多次应用，形成布莱克—斯科尔斯期权定价模型（简称 BS 模型）。该模型实用性高，被期权交易者广泛使用，实际的期权价格与模型计算得到的价格非常接近。

（一）布莱克—斯科尔斯模型的假设

（1）在期权寿命期内，买方期权标的股票不发放股利，也不作其他分配；

（2）股票或期权的买卖没有交易成本；

（3）短期的无风险利率是已知的，并且在期权寿命期内保持不变；

（4）任何证券购买者都能以短期的无风险利率借得任何数量的资金；

（5）允许卖空，卖空者将立即得到所卖空股票当天价格的资金；

（6）看涨期权只能在到期日执行；

（7）所有证券交易都是连续发生的，股票价格随机游走。

（二）布莱克—斯科尔斯模型的公式

$$C_0 = S_0[N(d_1)] - Xe^{-r_c t}[N(d_2)] \tag{6-14}$$

$$或 = S_0[N(d_1)] - PV(X)[N(d_2)]$$

其中，

$$d = \frac{\ln(S_0 \div X) + (r_c + \sigma^2 \div 2)t}{\sigma\sqrt{t}} \tag{6-15}$$

$$或 = \frac{\ln[S/PV(X)]}{\sigma\sqrt{t}} + \frac{\sigma\sqrt{t}}{2}$$

其中，C_0 表示看涨期权的当前价值；S_0 表示标的股票的当前价格；$N(d)$ 表示标准正态分布中离差小于 d 的概率；X 表示期权的执行价格；e 表示自然对数的底数，约等于 2.7183；r 表示连续复利的年度的无风险利率；t 表示期权到期日前的时间（年）；$\ln(S_0 \div X)$ 表示 $S_0 \div X$ 的自然对数；σ^2 表示连续复利的以年计的股票回报率的方差。

式（6－14）中的第一项是当前股价 S_0 和概率 $N(d_1)$ 的乘积。股价越高，第一项的数值越大，期权 C_0 价值越大。式（6－14）中的第二项是执行价格的现值 $Xe^{-r_c t}$ 和概率 $N(d_2)$ 的乘积。$Xe^{-r_c t}$ 是按连续复利计算的执行价格 X 的现值，也可以写成 $PV(X)$。执行价格越高，第二项的数值越大，期权的价值 C_0 越小。

概率 $N(d_1)$ 和 $N(d_2)$ 可以大致看成看涨期权到期时处于实值状态的风险调整概率。当前股价 S_0 和 $N(d_1)$ 的乘积是股价的期望现值，执行价格的现值 $Xe^{-r_c t}$ 与 $N(d_2)$ 的乘积是执行价格的期望现值。

在股价上升时，d_1 和 d_2 都会上升，$N(d_1)$ 和 $N(d_2)$ 也都会上升，股票价格越是高出执行价格，期权越有可能被执行。简而言之，$N(d_1)$ 和 $N(d_2)$ 接近 1 时，期权肯定被执行，此时期权价值等于 $S_0 - Xe^{-r_c t}$。前一项是期权持有者拥有的对当前价格为 S_0 的要求权，后一项是期权持有者的期权执行价格的现值。反过来看，假定 $N(d_1)$ 和 $N(d_2)$ 接近于零时，意味着期权肯定不被执行，看涨期权的价值 c_0 接近于零。如果 $N(d_1)$ 和 $N(d_2)$ 等于0～1的数值，看涨期权的价值是其潜在收入的现值。

（三）模型参数的估计

1. 无风险利率的估计

（1）选择与期权到期日相同的政府债券利率，如果没有时间相同的，应选择时间最接近的政府债券利率。

（2）政府债券利率是指其市场利率，即根据市场价格计算的到期报酬率，并且按照连续复利、计息周期无限小计算。

如果用 F 表示终值，P 表示现值，r_c 表示连续复利率，t 表示时间（年），则：

$$F = P \times e^{r_c t} \tag{6-16}$$

$$r_c = \frac{\ln\left(\frac{F}{P}\right)}{t} \tag{6-17}$$

其中，ln 表示求自然对数；e^{rt} 表示连续复利的终值系数。

【例6－16】假设 $t=1$ 年，$F=104$ 元，$P=100$ 元，则：

$$\begin{aligned} r_c &= \ln(104 \div 100) \div 1 \\ &= \ln(1.04) \div 1 \\ &= 3.9221\% \end{aligned}$$

期权估值中使用的利率都应当是连续复利，包括二叉树模型和 BS 模型。即使在资本预算中，使用的折现率也应当是连续复利率，因为全年收入和支出总是陆续发生的，只有连续复利率才能准确完成终值和现值的折算。

2. 报酬率标准差的估计

股票报酬率的标准差可以使用历史报酬率来估计。计算连续复利标准差的公式与年复利相同：

$$\sigma = \sqrt{\frac{1}{n-1}\sum_{t=1}^{n}(R_t - \bar{R})^2} \tag{6-18}$$

其中，R_t 表示报酬率的连续复利值。

连续复利的报酬率公式与分期复利报酬率不同。

分期复利的股票报酬率公式如下：

$$R_t = \frac{P_t - P_{t-1} + D_t}{P_{t-1}} \tag{6-19}$$

而连续复利的股票报酬率公式为：

$$R_t = \ln\left(\frac{P_t + D_t}{P_{t-1}}\right) \tag{6-20}$$

其中，R_t 表示股票在 t 时期的报酬率；P_t 表示 t 期的价格；P_{t-1} 表示 $t-1$ 期的价格；D_t 表示 t 期的股利。

四、看跌期权估值

在套利驱动的均衡状态下，看涨期权价格、看跌期权价格和股票价格之间存在一定的依存关系。对于欧式期权，假定看涨期权和看跌期权有相同的执行价格和到期日，则下述等式成立：

看涨期权价格 C - 看跌期权价格 P = 标的资产价格 S - 执行价格现值 $PV(X)$

这种关系被称为看涨期权-看跌期权平价定理（关系）。利用该定理，已知等式中的四个数据中的三个，就可以求出另一个。

$$C = S + P - PV(X)$$

$$P = -S + C + PV(X)$$

$$S = C - P + PV(X)$$

$$PV(X) = S - C + P$$

该公式的有效性，可以通过表 6-13 验证。

表 6-13　看涨期权和看跌期权的平价关系

交易策略	现金流量		
	购买日	到期日	
		$S_t \geq X$	$S_t < X$
购入 1 股看涨期权	$-C_0$	$S_t - X$	0
卖空 1 股股票	$+S_0$	$-S_t$	$-S_t$
借出 $X/(1+r)^t$	$-X/(1+r)^t$	X	X

续表

交易策略	现金流量		
	购买日	到期日	
		$S_t \geqslant X$	$S_t < X$
抛出1股看跌期权	$+P_0$	0	$-(X-S_t)$
净现金流量合计	$-C_0+S_0-X/(1+r)^t+P_0$	0	0

【例6－17】两种期权的执行价格均为30元，6个月到期，6个月的无风险利率为4%，股票的现行价格为35元，看涨期权的价格为9.20元，则看跌期权的价格为：

$$P=-S+C+PV(X)=-35+9.20+30\div(1+4\%)=3\text{（元）}$$

五、派发股利的期权定价

股利的现值是股票价值的一部分，但是只有股东可以享有该收益，期权持有人不能享有。因此，在期权估值时要从股价中扣除期权到期日前所派发的全部股利的现值，即把所有到期日前预期发放的未来股利视同已经发放，将这些股利的现值从现行股票价格中扣除。此时，模型建立在调整后的股票价格而不是实际价格的基础上。

考虑派发股利的期权定价公式如下：

$$C_0=S_0e^{-\delta t}N(d_1)-Xe^{-r_ct}N(d_2) \tag{6-21}$$

其中，δ表示标的股票的年股利报酬率（假设股利连续支付，而不是离散分期支付）。如果标的股票的年股利报酬率δ为零，则与前面介绍的布莱克—斯科尔斯模型相同。

六、美式期权估值

美式期权在到期前的任意时间都可以执行，除享有欧式期权的全部权利之外，还有提前执行的优势。因此，美式期权的价值应当至少等于相应欧式期权的价值，在某种情况下比欧式期权的价值更大。

本章小结

一、期权的概念和类型

1. 期权：不附带义务的权利

（1）持有人（多头）：享有在到期日（欧式）或到期日之前（美式），以固定价格购进资产（看涨）或售出资产（看跌）的权利。

（2）出售人（空头）：承担在到期日（欧式）或到期日之前（美式），以固定价格售出资产（看涨）或购进资产（看跌）的潜在义务。

2. 期权的到期日价值与期权净损益

（1）多头：锁定最低净收入（到期日价值 =0）和最低净损益（－期权费）。

（2）空头：锁定最高净收入（到期日价值 =0）和最高净损益（期权费）。

（3）就到期日价值及期权净损益而言，期权买卖双方是零和博弈。

期权	到期日价值	净损益
买入看涨期权	Max（股票市价－执行价格，0）	到期日价值－期权价格
买入看跌期权	Max（执行价格－股票市价，0）	到期日价值－期权价格

二、期权的投资策略——对冲交易

1. 保护性看跌期权

购入股票＋购入看跌期权——锁定了最低净收入和最低净损益。

2. 抛补性看涨期权

购买股票（补）＋出售看涨期权（抛）——缩小了未来不确定性，机构投资者常用。

3. 对敲

（1）多头对敲：买进看涨期权＋买进看跌期权——无论股价高于执行价格或低于执行价格均可以组合净收入大于零，弥补期权费后可以获利。

（2）空头对敲与多头对敲之间为零和博弈。

三、期权价值的构成及其影响因素

1. 期权价值＝内在价值＋时间价值

（1）内在价值：期权立即执行产生的经济价值，由标的资产的现行市价与执行价格决定。

（2）实值状态 VS 虚值状态：正回报 VS 负回报——只有实值期权可能被执行。

（3）时间价值：等待的价值（等待股价变动以增加期权的价值）。

2. 影响期权价值的因素

（1）股价。

（2）执行价格。

（3）到期期限→时间价值（美式期权）。

（4）股价波动率（期权价值来源于股价波动）。

（5）无风险报酬率（高利率降低执行价格现值）。

（6）股利（股利发放减少股价）。

3. 期权价值线——以看涨期权为例

（1）期权价值的最小值是0。

（2）期权价值的下限是内在价值（时间价值的存在）。

（3）期权价值的上限是股价（股价－执行价格）。

（4）股价足够高，期权价值线与内在价值线的上升部分逐步接近（期权确定被执行）。

四、金融期权价值评估方法

1. 复制原理与套期保值原理

（1）套期保值比率＝期权到期日价值之差/到期日股价之差

（2）购买股票支出＝套期保值比率×股票现价

（3）借款＝（到期日下行股价×套期保值比率－股价下行时期权到期日价值）/（1＋无风险报酬率）

（4）期权价值＝投资组合成本＝购买股票支出－借款

2. 风险中性原理

（1）上行概率 $P_u=\dfrac{\text{每期无风险利率}+|\text{下行时报酬率}|}{\text{上行时报酬率}+|\text{下行时报酬率}|}$

$=\dfrac{\text{每期无风险利率}+\text{下降百分比}}{\text{上升百分比}+\text{下降百分比}}$ 下行概率 $P_d=1-\text{上行概率}\ P_u$

（2）期权价值 =

$$\frac{\text{上行概率}\times\text{上行时的到期日价值}+\text{下行概率}\times\text{下行时的到期日价值}}{1+\text{无风险报酬率}}$$

3. 二叉树期权定价模型——套期保值原理与风险中性原理的应用

（1）确定上行乘数 u 与下行乘数 d（互为倒数）

（2）构造股价二叉树——由前向后

（3）构造期权二叉树——由后向前，逐级推进

（4）计算期权价值

4. 布莱克—斯科尔斯期权定价模型

期间无限小的二叉树模型（三个公式、五个影响因素）。

5. 看跌期权估值：看涨期权—看跌期权平价定理

看涨期权价格 C - 看跌期权价格 P = 标的资产价格 S - 执行价格现值 PV（X）

6. 派发股利的期权估值

将股利现值从现行股票价格中扣除。

7. 美式期权估值

美式期权价值≥欧式期权价值。

章后习题

重要概念

期权　期权的头寸　保护性看跌期权　抛补性看涨期权　对敲　期权价值　复制原理　套期保值原理　风险中性原理　二叉树期权定价模型　布莱克—斯科尔斯期权定价模型　看跌期权估值　派发股利的期权估值　美式期权估值

计算题

1. 假设 D 公司的股票现在的市价为 50 元。有 1 份以该股票为标的资产的看涨期权，执行价格为 52.08 元，到期时间是 6 个月。6 个月以内公司不会派发股利，6 个月以后股价有两种可能，即上升 33.33%，或者下降 25%，无风险报酬率为每年 4%。

要求：①根据套期保值原理估计期权价值。②利用风险中性原理，计算D公司股价的上行概率和下行概率，以及看涨期权的价值。③如果期权市场上，每份看涨期权的价格为6.7元，是否存在套利的可能性，如果存在，应该如何套利？

2. 某股票当前价格 S_0 为50元，执行价格 X 为52.08元，以该股票为标的的看涨期权到期日前的时间为0.5年。每年复利一次的无风险报酬率为4%，相当于连续复利的无风险报酬率 $R_c = \ln(1.04) = 3.9221\%$，连续复利年股票收益率的标准差 $\sigma = 0.4068$。使用布莱克—斯科尔斯模型计算该项期权的价值。

思考题

1. 简述期权的定义。
2. 概述期权的分类。
3. 简述四种基本的期权头寸。
4. 简述期权的内在价值。
5. 影响期权价值的主要因素有哪些？
6. 什么是复制原理与套期保值原理？
7. 什么是风险中性原理？
8. 介绍二叉树期权定价模型。
9. 简述布莱克—斯科尔斯期权定价模型。

参考文献

[1]中国注册会计师协会．财务成本管理[M]．北京：中国财政经济出版社,2020.

[2]李建华,郭晓玲．证券投资学[M]．北京：经济管理出版社,2010.

[3]吴晓求．证券投资学[M]．北京：中国人民大学出版社,2015.

[4]中国证券业协会．证券市场基础知识[M]．北京：中国金融出版社,2012.

第七章　金融不良资产评估

章首导言

由于历史上诸多因素的影响，我国国有商业银行累积了数量庞大的不良贷款，严重影响了我国的金融安全和金融稳定。为深化金融改革，防范和化解金融风险，促进金融业以及国民经济持续、健康发展，我国政府借鉴国际先进经验，结合我国金融业的实际，于1999年先后组建了四家国有金融资产管理公司，将商业银行的部分不良贷款剥离到资产管理公司进行集中管理和处置，并明确金融资产管理公司要最大限度地保全资产、减少损失。金融资产管理公司运用各种可能的手段处置不良资产、实现经营目标的实践探索，为资产评估领域开辟了一块新的天地，同时也带来了新的挑战。自2018年以来，本轮经济下行态势明显，我国包括商业银行在内的金融机构持有的金融不良资产风险逐步暴露，金融不良资产市场供给呈上升趋势，伴随着资管新规、理财新规等严监管政策的落地，不良资产市场迎来新的机遇与挑战。商业银行作为不良资产市场卖方，其持有的金融不良资产由金融资产管理公司、民间投资人等买方以一定折扣收购并通过市场化运作后采用多种方式进行处置回收，完成不良资产的保值增值。在这一不良资产市场的主要交易模式中，对金融不良资产的合理评估及其定价成为交易成功的重要前提，对促进金融业健康发展具有重要意义。

本章从金融不良资产评估概念等相关内容入手，对金融不良资产的评估方法，特别是假设清算法、现金流偿债以及交易案例比较法展开系统论述。

本章知识结构图

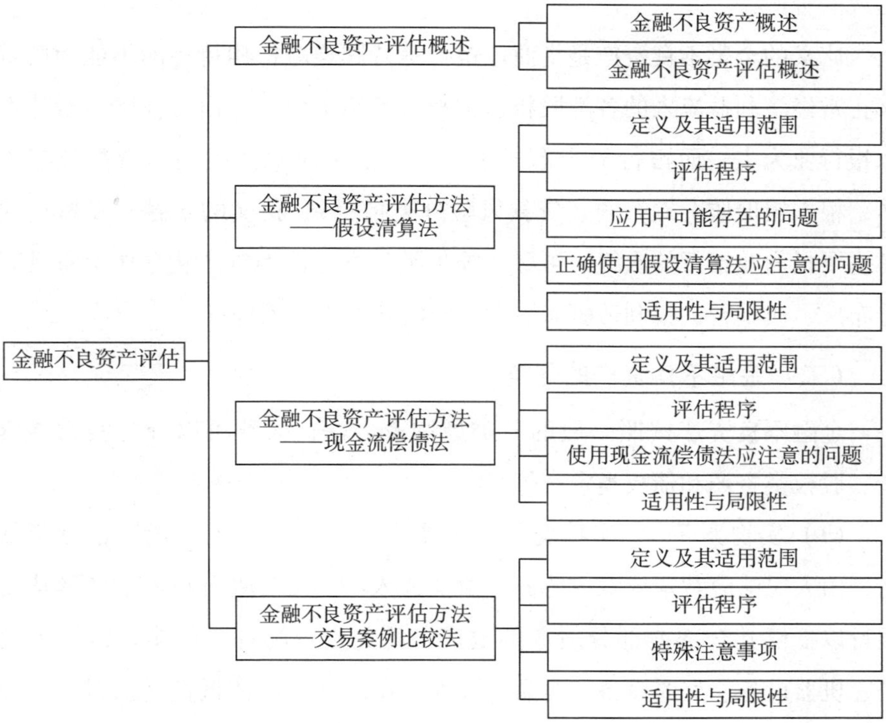

第一节　金融不良资产评估概述

一、金融不良资产概述

（一）金融不良资产的概念

金融不良资产（Non-Performance Loans，NPL），按照《金融不良资产评估指导意见》第二条的规定：“金融不良资产是指银行持有的次级、可疑及损失类贷款，金融资产管理公司收购或接管的金融不良债权，以及其他非银行金融机构持有的不良债权，主要表现为不良贷款和以物抵贷资产，以及资产处置过程中由于对部分不良贷款实施了债转股或以资抵债等形成的资产。”

广义的金融不良资产是指商业银行等持牌金融机构持有的不能为其带来正常经济利益流入的各类股权、债权、实物类资产。由于我国金融体系以银行业为主，而银行资产形式主要为以信用风险为主的信贷类债权资产，根据银保监会颁布的《贷款风险分类指引》，狭义的金融不良资产通常主要指商业银行的次级、可疑、损失类贷款。此类资产从总体上看具有分布广、质量差、权利瑕疵多、有一定的处置价值等特点。

（二）金融不良资产的分类

金融不良资产按照一般的分类原则及方法，大致可以分为实物类资产、股权类资产和债权类资产等。

（1）实物类资产。实物类资产主要是指借款人在无力偿还银行贷款时，由人民法院裁定或双方协商，由债务入将其享有处分权的财产转让给银行以抵偿其全部或部分债务的财产。此类资产的种类较多，包括房地产、机器设备、交通设备、商品物资等。在借款人申请抵押贷款时，抵押资产的价值由评估师评估或借款人与银行协商定价。由于借款人无力偿还银行贷款行为发生在贷款后的若干年，在以物抵债时，通常要求重新评估抵押物的价值，以反映其真实价值。另外，这类资产还存在权属不明确、资产形态不完整、基础资料缺乏的特点，在评估时需要考虑的特殊因素较多。

（2）股权类资产。股权类资产是由债权类资产转换而来的。金融资产管理公司依据国家的有关政策，对国家经贸委推荐的部分企业实行了债转股。对此类资产的评估一般是由债转股时成立的新公司对企业拟进入新公司的资产进行评估，以评估结果作为计算资产管理公司所占股份及分红的依据，在评估时较多地体现了政策性特征。为此，财政部曾专门发文对债转股企业资产评估工作提出要求，明确了债转股企业债权类资产、实物资产、长期投资待摊费用等科目的评估原则。

（3）债权类资产。债权类资产在金融资产管理公司管理的资产中占有相当大的比重，因而具有举足轻重的地位。据初步统计，该类资产约占其运作资产的70%以上。在商业银行不良贷款剥离前，按照国际五级分类标准，这些贷款多为次级、可疑甚至损失类，资产管理公司对此接收后，其处置这类资产时面临着财产直接支配权小、市场操作性差、不确定性因素多等现实状况。从评估的角度看，债权类资产一般适用于非公开市场价值基础的资产评估特性，具体表现为特定、无可比较、不能完全替代、不能假定其在市场上公开出售及处于最佳使用状态等。其内在具有的风险性与时效性对资产评估提出了更高的要求。

二、金融不良资产评估概述

（一）金融不良资产评估的概念

金融不良资产评估，是指依据国家有关规定，以某一时点为评估基准日，对其价值进行评定、估算和分析、判断的行为。《金融不良资产评估指导意见》所称的金融不良资产评估业务，包括资产评估专业人员执行的以金融不良资产处置为目的的价值评估业务（以下简称“价值评估业务”）和以金融不良资产处置为目的的价值分析业务（以下简称“价值分析业务”）。

价值评估业务是指资产评估师根据委托方的要求，对金融不良资产在基准日的价值进行分析、估算并形成专业意见的行为或过程。

价值分析业务是指资产评估师根据委托方的要求，对无法实施必要评估程序的金融不良资产在基准日的价值或价值可实现程度进行分析、估算并形成专业意见的行为或过程。

（二）金融不良资产评估对象

在金融不良资产评估业务中，根据项目具体情况和委托方的要求，评估对象可能是债权资产，也可能是用以实现债权清偿权利的实物类资产、股权类资产和其他资产。

资产评估师执行金融不良资产评估业务时，应当与委托方进行充分协商，明确评估对象。

金融不良资产评估业务的评估对象包括价值评估业务的评估对象和价

值分析业务的价值分析对象。

价值评估业务的评估对象通常是用以实现债权清偿权利的实物类资产、股权类资产和其他资产，也包括资产评估师能够实施必要评估程序的债权资产。价值分析业务的价值分析对象通常是债权资产，也包括因受到限制、资产评估师无法实施必要评估程序的用以实现债权清偿权利的实物类资产、股权类资产和其他资产。

1. 债权类不良资产的评估

债权类不良资产主要是指商业银行的不良贷款和不良债权。这类资产个性差异大、可比性不强，其内在具有的风险性大和时效性强的特点使得评估难度系数增大，对评估结果的客观性和及时性相对要求比较高。由于债权资产本身的复杂性以及债务人没有足够的偿还能力，在测算金融不良债权资产价值时会面临很多不确定性，无论是从直接途径还是从间接途径测算债权回收价值，其途径和思路都或多或少存在一些不够完善之处。因此，债权类资产主要适用于价值分析业务，即价值分析对象通常是债权类资产。

2. 物权类不良资产的评估

物权类资产包括的种类及类别很多，主要包括收购的以物抵贷资产、资产处置过程中收回的以物抵债资产、受托管理的实物资产及其所产生的权益，以及其他能够实现债权清偿权利的实物资产。物权类金融不良资产包括抵债取得的房地产、机器设备等。该类资产通常存在产权瑕疵、功能或实体瑕疵，资产处置方式多采用拍卖方式。因此，评估师对该类资产进行评估时需着重考虑其市场状况，一般采用市场法进行评估，并充分考虑其产权瑕疵、功能或实体瑕疵对价值的影响。

3. 股权类不良资产的评估

股权类资产主要包括商业性债转股、抵债股权、质押股权等。股权类不良资产主要有两个来源，即抵债取得和债转股取得。所持有股权的被投资单位通常有两种，即持续经营企业和非持续经营企业。对持续经营企业的不良资产进行评估时，可采用市场法、收益法、成本法，与正常传统的评估无异。但是，对非持续经营企业的不良资产进行评估时，因其收益状况不佳、现金流极少甚至为负现金流，以及市场交易活跃程度极低，收益法、市场法的应用均受到极大限制，资产管理公司通常对该类股权处置采用滞后择机处置，以最大限度地实现回收价值。对于特定时点的评估，则需考虑处置时机、处置方式，以确定评估方案和评估方法。

4. 其他不良资产的评估

其他不良资产主要包括土地使用权、商标权等无形资产，以及收益凭证等流动性不佳的其他相关资产。

此外，我国金融不良资产评估实践已经突破了原有的不良资产处置领域，扩展至为金融机构经营管理服务、防范金融风险等领域，主要集中在以下几个方面：

（1）金融不良资产处置评估。目前，除我国四大金融资产管理公司处置金融不良资产外，为保全资产，银行、中央汇金公司、中国建投公司以及地方金融企业，也通过处置不良资产等手段降低经营风险。不良资产处置前要经过评估，这是资产评估作为国有资产监管手段的体现。

（2）金融机构经营管理中的价值判断和风险防范评估。面对庞大的不良资产，金融机构自主定价能力较弱，需要专业的评估机构提供贷款五级分类的判定、贷款质量分析、风险质量控制等服务，评估机构越来越多地担任金融企业经营中的顾问角色。资产评估行业以资产为基础的核实和调查，为评估师提供管理建议奠定了坚实的基础。此外，对上市银行的主要资产进行动态评估，有助于客观反映金融企业的经营状况和风险状况，能够为金融企业及时管理和化解金融风险提供参考。

（3）以财务报告为目的的评估。新会计准则实施后，资产管理公司持有的商业化债权被作为金融资产以公允价值进行核算。为满足编制年度会计报告的需要，企业通常委托评估机构完成该项工作。此外，在抵押贷款业务中对不动产的公允价值进行动态、定期的评估，也需要发挥资产评估的专业作用。

（三）金融不良资产评估的其他相关内容

1. 评估时点

金融不良资产评估涉及的评估时点主要包括项目收购环节、项目投后管理及项目处置等环节。评估目的及评估条件的不同使得不同环节评估的方法和过程有所差异，项目收购环节评估委托方往往为收购方，虽然《中华人民共和国合同法》规定债权人转让债权仅需通知债务人而无须征得其同意，但在金融不良资产评估转让实务中除事先约定与债务人进行重组情况外，债务人往往对债权人转让债权持抵触态度，这对评估资料的获取极为不利，也导致了当前金融不良资产评估市场中大量收购环节的评估受限程度较大，评估完备性较差。而出于投后管理及处置目的的评估由于评估资料相对完备、债务人配合度相对较高等原因，评估条件相对较好，报告类型中正式评估报告的比例也相对较高。

2. 评估方式

金融不良资产的评估方式主要分为外部估值及内部估值。

外部估值是指聘请专业的中介评估机构对特定评估目的下的金融不良资产评估的市场或非市场价值进行的评估或分析，其主要适用于《中华人民共和国资产评估法》《金融资产管理公司资产处置管理办法》等相关法律及行政法规规定的涉及国有资产或公共利益的法定评估项目及委托人基于商业判断自愿委托评估项目。外部评估涉及的金融不良资产评估往往不仅资产价值较大，而且评估的难度也较大，需要专业的评估中介机构进行价值判断。

内部估值则是指金融机构根据成本效益原则和效率原则，对部分不适宜或不需要外部评估的项目进行内部评估。

金融不良资产的形成原因较多且复杂，导致在进行金融不良资产处置评估业务时，正常的评估程序往往受到很大限制，因此，评估方法的选取需综合考虑各种因素，如评估目的、资产处置方式、可获得的评估资料以及被评估资产的具体特点等因素，由模拟回收过程确定。

3. 评估报告

金融不良资产评估从出具的评估报告类别上可以划分为评估报告和价值分析报告。根据2017年中国资产评估协会发布的《金融不良资产评估指导意见》，金融不良资产评估根据评估条件的不同可以执行价值评估业务或价值分析业务，在受到限制、无法履行必要评估程序的情况下可以与委托方协商执行价值分析业务。价值分析业务为咨询性质业务，不具有正规评估业务的程序完整性和数据完备性。目前，评估机构在执业时出于自我保护目的，普遍对评估条件受限的评估项目执行价值分析业务。

金融不良资产属于特殊机会资产，其自身信息不透明的特性使得评估条件难以完备。此外，我国金融不良资产评估市场发展时间相对较短、市场化水平相对较低等因素都加大了金融不良资产评估的难度。卖方往往倾向于故意隐瞒金融不良资产评估中可能存在的资产瑕疵，而买方难以通过交易市场了解相应资产的真实价值，信息的不对称使得买卖双方对金融不良资产评估的评估差异较大，不利于金融不良资产评估交易市场的健康和可持续发展。

（四）金融不良资产评估方法

1. 假设清算法

假设清算法是金融不良资产评估中最基本的也是使用最广泛的方法，是在假设对债务人或债务责任关联方进行破产清算偿债的情况下，对债权可能受偿程度进行分析的方法。

一般此类公司的资产负债结构相对较为简单，资产分布区域相对集中，经营条件困难，按照偿债顺序需优先受偿。分析债权人在某一时间点上从债务人或债务关联方所能获得的偿债程度，具体可表现为严重亏损或现金流严重不足。

2. 现金流偿债法

现金流偿债法是以企业近几年经营成果以及财务状况为基本抓手，对企业未来一定时间内的现金流、偿债能力及成本运营情况进行分析的方法。

现金流偿债法适用于对经营状况良好、财务资料规范的企业进行评估处理。评估对象一般为与债务有关的企业或相关的责任关联方。一般此类公司资产负债结构较为简单，资产分布区域相对集中，公司的经营状况尚可，具体可表现为略有盈利或虽然亏损但仍能获取一定的现金流。

3. 信用评价法

信用评价法是指通过对债务机构的财务及非财务指标进行综合分析，

进而评估企业的信用等级情况，并据此评估企业偿债能力，以缩小偿债风险的一种评估方法。

该方法适用于处于持续经营状态、财务核算较规范、与信贷机构有良好的信贷关系的企业。一般此类公司资产负债结构较为复杂，资产分布区域相对广泛，长期股权投资较多，企业经营状况较好，具体可表现为盈利。

4. 交易案例比较法

交易案例比较法是指选取若干近期已发生的，与被分析债权类似的处理案例，通过量化影响债权处置价格因素，确定比较因素修正系数，修正交易案例处置价格，得出受托资产价值的一种估值方法。该方法适用于有可比债权交易案例，债务人不能提供必需的具体的财务资料或不配合进行价值分析等情况。当获取样本量足够大时，可运用数理统计方法分析样本，测算债权价值，关键在于选取的处置案例具有可比性、时效性、广泛性。

5. 专家打分法

专家打分法是指通过匿名方式征询有关专家的意见，对专家意见进行汇总、处理、分析和归纳，综合多数专家的经验与主观判断，经过多轮意见征询、反馈和调整后，对大量难以采用技术方法进行定量分析的因素做出合理估算，对债权价值和价值可实现程度进行分析的方法。

专家打分法适用于分析具有诸多不确定性因素，其他方法难以定量分析的债权。该方法通过汇总、处理、分析专家匿名意见，反复估算非定量因素，综合归纳专家的经验、判断技巧，从而得出债权价值。

需要注意的是：一是选取的专家应熟悉不良资产状况，在业界有较高的权威性和代表性，人数合适；二是征询专家意见，确定影响债权价值因素的权重分值；三是专家采用独立的不记名方式打分；四是采用数理统计法分析反馈每轮调查结果，直至结果的方差期望值在合理范围内；五是如果多轮打分后统计方差仍不合理，则应修正专家的结论。

6. 综合因素分析法

综合因素分析法适用于债务人、责任关联方不配合或者无法提供相关资料，市场无足够交易案例，仅有债权资料的情况。不良资产价值与企业经营状况、贷款本息、时间、用途、行业特征等因素密切相关，这种相关不是精确函数关系，而是数理统计关系。通过调阅信贷档案、历史处置数据、尽调材料，运用数理统计，剖析影响处置回收因素，评估相关关系，从而估算债权价值。

需要注意的是：一是找到大量公开市场交易样本，切实减少因历史数据和案例数量的多寡影响评估结果的因素；二是建立分析回归模型，确定经验方程、显著性检验涉及的数理统计运算；三是确定回归分析结果的适用区间，避免将其作为唯一定价依据。

第二节 金融不良资产评估方法——假设清算法

一、定义及其适用范围

假设清算法只是“假设”清算，而不是真的要对债务企业进行清算。该方法是指在假设对企业（债务人或债务责任关联方）进行偿债清算的情况下，基于债务企业的整体资产，从中剔除不能用于偿债的无效资产，从总负债中剔除实际不必偿还的无效负债，按照企业清算过程中的偿债顺序，考虑债权的优先受偿，以分析债权资产在某一时点从债务人或债务责任关联方处所能获得的受偿程度的一种方法。

在进行债务企业偿债能力分析时，应根据债务企业不同的经营情况，采用下列三种清算价格。

（1）强制清算价格。假设债务企业或资产在短期内被强制出售，以出售所得偿还现有债务的情况下，考虑资产需在短期内快速变现，其评估价格一般低于正常价格。强制清算价格一般适用于关停债务企业或即将进入诉讼偿债的债务企业。

（2）有序清算价格。假设债务企业以现有资产出售偿债，但资产的出售不是立即的，而是可以在一定的时限内进行，从而避免了因资产急于变现而造成较大损失的可能，其评估价格一般会低于正常价格。有序清算价格一般适用于陷入半关停债务的企业。

（3）续用清算价格。虽然假设债务企业准备以现有资产偿还现有债务，但债务企业仍处于持续经营状态，真正对债务企业进行清算的可能性极小，债务企业既可以用现有资产偿还债务，也可以用持续经营获得的新增收益清偿债务。此时，债务企业的资产处于充分有效利用状态，对债务企业用于偿还债务的资产进行价值估算时，一般采用正常价格，不考虑因为变现而产生的折扣。续用清算价格适用于持续经营的债务企业。

假设清算法主要适用于非持续经营条件下的企业，以及仍处在持续经营状态中但不具有稳定净现金流或净现金流很小的企业。它的适用条件主要是要求债务人有相关的财务资料，有偿还债务的愿望且能够积极配合，债权人和债务人有进行债务重组意向的情形。显然，对于企业资产庞大或分布广泛的项目以及不良债权与企业总资产的比率相对较小的项目，不适宜采用假设清算法。

二、评估程序

运用假设清算法对金融不良资产进行评估，一般采用如下程序：

（1）对债权人的债权资料进行详尽分析和账项调整。

（2）剔除待核销的无任何价值的无效资产，确定有效资产。无效资产的剔除要详细阐述其依据并附以相应的证明材料。

（3）剔除债务人无效负债，同时确定有效负债。

（4）根据债务人的经营状态和评估目的，采用适当的价值类型，对企业的有效资产进行评估，进行负债确认。

（5）确定优先扣除项目，包括资产项优先扣除项目以及负债项优先扣除项目，优先扣除项目应有准确无误的证明依据。

（6）确定一般债权受偿比例。

一般债权受偿比例 =（有效资产 − 资产项优先扣除项目）/（有效负债 − 负债项优先扣除项目）

（7）确定不良债权的优先受偿金额。

（8）确定不良债权的一般债权受偿金额。

一般债权受偿金额 =（不良债权总额 − 优先债权受偿金额）× 一般债权受偿比例

（9）分析不良债权的受偿金额及比例。

不良债权受偿金额 = 优先债权受偿金额 + 一般债权受偿金额

受偿比例 = 不良债权受偿金额/不良债权总额

（10）分析或有收益、或有损失等因素对受偿比例的影响。

（11）确定从该企业可以获得的不良债权的受偿比例。

（12）特别事项说明。

在具体应用以上具体程序时，需要特别注意以下几个方面：

（1）不管是对债权人的债权资料进行分析，还是确认有效资产和有效负债等，都需要获取企业的财务资料，并以此为基础进行分析。

（2）确认无效资产与无效负债时应结合审计方法进行。无效资产包括福利性资产、待处理损失、待摊和递延资产等；无效负债是指处于长期挂账、无须支付的负债以及与福利性资产相对应的负债额等。无效资产和无效负债的剔除均应详细阐述依据并附上相应的证明材料。

（3）扣除优先偿还债务时要有可靠的政策依据，并附相关证明文件，如抵押合同等。除抵押债权（如果抵押物评估值小于抵押债权，剩余债权并入一般债权参与受偿；如果抵押物评估值大于抵押债权，超过部分并入有效资产参与分配）外，视同进入清算程序的企业可扣除职工工资、福利、职工劳动保险、职工住房公积金，应交税金、涉诉赔偿等。所欠税款、所欠职工工资和劳动保险费用均需认真核对。此外，视同进入清算程序的企业可扣除清算及中介费、职工安置费等优先偿还费用。对持续经营的企业除抵押债权和国家另有规定外，不得优先扣除清算费用和职工安置费用。

（4）要特别注意分析企业或有收益、或有损失及债务企业新增偿债能力等因素的影响。对于仍有持续经营能力且能产生经营净现金流量的债务企业，当采用上述假设清算法计算的偿债能力小于实际债务时，应充分考虑其以未来收益偿还债务的可能性。要对债务企业的可持续经营能力进行预测分析，包括对债务企业的管理能力、债务企业所处行业及发展现状、债务企业产品市场及竞争力等方面进行分析。通过对债务企业经营收入、经营成本、净利润等进行预测，分析债务企业在经营期可能新增的偿债能力。这里需要明确的是，新增的偿债能力有可能是负数，即在假设清算法中，有序清算获得的受偿可能会低于强制清算获得的受偿，此时，新增的偿债能力按零计算。

总之，假设清算法的操作思路是：企业进行清算偿债时，以企业的总体资产减去无法用于偿债的无效资产和实际不必偿还的无效负债，按照企业清算过程中的偿债顺序，考虑债权的优先受偿，分析债权资产所能获得的受偿程度。

【例 7－1】某资产管理公司拟在适当的时候处置金融不良资产 3600 万元，其中抵押贷款 1500 万元、担保贷款 500 万元，其余部分均为信用贷款。为尽快盘活该笔资产，经资产管理公司与债务企业多次协商，决定采用债务重组方式对该债权实施处置。为了确定债权价值，特委托资产评估公司对债务企业进行偿债能力分析评估，并以此作为重组的参与依据。

资产评估公司接受委托后，对债务企业进行了详细调查。调查结果显示，该企业为有限责任公司，已处于停产状态，短期内企业的生产经营难以恢复正常，所以采用假设清算法对该债务企业进行评估，选取强制清算价格。担保贷款的担保方已破产，无能力代为偿债。

截至评估基准日，债务企业资产的账面状况与评估价值结果如表 7－1 所示。

表 7－1　债务企业资产的账面状况与评估价值结果　　单位：元

科目名称	账面价值	评估价值	科目名称	账面价值	评估价值
货币资金	214497.00	214497.00	短期借款	42100000.00	46000000.00
应收账款	6179473.00	2317947.00	应付账款	7188486.00	7188486.00
预付账款	18212.00	18212.00	其他应付款	5228993.00	5228993.00
其他应收款	803386.00	795338.00	应付工资	556321.00	556321.00

续表

科目名称	账面价值	评估价值	科目名称	账面价值	评估价值
存货	1487983.00	956495.00	应付福利费	64063.00	64063.00
待摊费用	178667.00	178667.00	应缴税金	46473.00	46473.00
长期投资	20000.00	20000.00	其他未缴款	14836.00	14836.00
设备	3241506.00	2214358.00	负债合计	55199172.00	59099172.00
建筑物	18424484.00	13391220.00			
土地	17150000.00	15359424.00			
资产总计	47718208.00	35466158.00	净资产	-7480964.00	-23633014.00

将上述评估价值结果中不具备处置条件的福利性固定资产300万元（无对应的福利性负债）和待摊费用178667.00元作为无效资产予以扣除。

另经查询，债务企业将其自有的全部设备抵押给其他金融机构，共计获得贷款总额250万元，本次设备经评估的价值小于贷款金额，全部用于优先偿还其他债务，不足部分作为一般债务。在拟处置的债权中，有1500万元债权为土地抵押贷款，应作为委托方优先受偿债务，土地评估价值超出贷款金额的部分被用于偿还一般债务。

在其他应付款评估值中包含养老统筹金120000元，应用来优先偿还一般债务。综上，分析计算结果如表7-2所示。

表7-2　债权综合偿债能力系数分析计算结果　　单位：元

序号	项目	余额
1	资产总额	35466158.00
2	无效资产	3178667.00
2.1	福利性资产	3000000.00
2.2	待处理流动资产	
2.3	待处理固定资产	
2.4	待摊、递延资产	178667.00
2.5	其他	
3	有效资产（1-2）	32287491.00
4	负债总额	59099172.00
5	无效负债	
5.1	与福利性资产对应的负债	

续表

序号	项目	余额
5.2	长期挂账无须支付的负债	
6	有效负债（4－5） 抵押债务：对应抵押资产评估价值	59099172.00 2500000.00：2214358.00 15000000.00：15359424.00
7	优先偿还抵押债务	17214358.00
8	优先偿还一般债务	786857.00
8.1	其中：应付工资	556321.00
8.2	应付福利费	64063.00
8.3	养老统筹金	120000.00
8.4	住房公积金	
8.5	应缴税金	46473.00
8.6	其他	
9	优先扣除的费用项目	645750.00
9.1	其中：清算及中介费（有效资产的2%）	645750.00
9.2	职工安置费	
9.3	其他	
10	可用于偿还一般债权人的资产（3－7－8－9）	13640526.00
11	一般负债总额（6－7－8）	41097957.00
12	一般偿债能力系数（10/11）	0.33
13	被评估债权金额	36000000.00
14	特定债权：对应抵押资产评估价值	15000000.00：15359424.00
15	特定债权优先受偿额（16×12）	15000000.00
16	特定债权一般债权部分（13－15）	21000000.00
17	特定债权一般受偿额（16×12）	6930000.00
18	剩余未受偿债权由保证人所获受偿额及其他	0.00
19	特定债权综合受偿额（15＋17＋18）	21930000.00
20	特定债权综合偿债能力系数（19/13）	0.61

即某资产管理公司拟处置特定金融不良资产3600万元。其中，抵押贷款1500万元、担保贷款500万元；可变现价值不低于61%。

三、应用中可能存在的问题

假设清算法是不良债权回收价值分析中的一种较为常用的使用方法，其从最初提出至今，已经在不良资产评估领域得到了较为广泛的应用，为不良债权资产的合理定价发挥了至关重要的作用。但由于假设清算法的技术框架在《金融不良资产评估指导意见（试行）》中才被正式提出，还不是很完善，存在操作过程中有许多细节把握不一，使用还不是很规范，不同的评估机构出具的评估分析报告良莠不齐，随意性较大，风险点比较多的情况。概括起来，主要存在以下几个方面问题。

（1）一些评估人员缺乏专业胜任能力，致使评估结果带有随意性。运用假设清算法进行债权回收价值分析时，需要在形成资产价值专业意见的基础上，综合分析考虑债权实现过程中的相关因素，对债权回收的可能性和实现程度给予专业性的意见。因此，假设清算法与常用的其他评估基本方法相比，对评估人员专业技术能力提出了更高的要求。但在实际操作中，许多评估人员以假设清算法不确定性因素比较多为由，评估过程中存在着很大的主观性、随意性。上述原因导致不同机构、不同专业人员做出的价值分析结论往往有很大差异性，使得分析结果失去了应有的严谨性。

（2）对不具备使用条件的债务企业强行使用假设清算法，影响了分析结果的可信性。假设清算法主要适用于债务人或债务责任关联方能够配合并提供完备的产权资料及近期财务资料等基本资料的情形。但在实际操作中，部分评估机构往往接受资产管理公司委托，对于一些不具备条件的债务企业勉强使用假设清算法进行分析。例如，有些银行虽然自办公司已经关闭多年，名下有一些资产，但并没有清算审计，对于公司到底有多少资产和负债并不十分清楚，在这种情况下，评估机构使用假设清算法显然就不太合适。对这样不具备基本条件的债务企业勉强进行分析，不仅不利于最大限度地收回债权，而且还有“虚假评估”之嫌。

（3）对债务企业提供的资料不加核实、敷衍，影响了分析结果的准确性。运用假设清算法的关键是债务人能够提供真实会计报表资料、准确界定资产负债范围。但实际上，债务企业为逃废金融债务，经常转移隐匿资产或夸大负债，如果债务人竭尽全力在这个环节上“做手脚”，则分析的真实性无从谈起。目前，出于种种原因，评估机构在进行价值分析时往往不会认真地核实企业所提供资料的准确性，缺乏督促企业提供真实会计报表的措施，资料的完整性或真实性成了制约分析结果公允性和可利用性的“瓶颈”。在这种情况下，假设清算法极有可能低估企业实际偿债能力。

（4）假设清算法中一些常见的技术性错误也影响了分析结果的合理性与可靠性。这些技术错误包括如下方面。

第一，夸大负债尤其是优先偿还的负债。具体有以下几种情形：①在计算实际负债时，往往对或有负债的真实性和发生的可能性甄别判断不够，只是将或有负债简单累加起来，其结果容易扩大负债的范围。②机械地套用债务企业当地较高的工资、福利、职工安置等标准，而无视这些应付工资及福利全额优先支付给职工的可能性很小，甚至根本不涉及职工安置成本的事实，存在人为夸大应付工资及福利的倾向。③分析过程中往往对应缴税金的真实性未加以认真核实，并对于一些可以抵扣的税金忽略不计，造成应缴税金虚增的现象。④对于一些违规的、不切实际的、突击增加的负债，不分析其合理性，盲目加以确认，导致优先偿还的债务范围任意扩大。

第二，过分压实资产，资产损失核销不尽合理。例如，常常将一些不合理的内容放到其他待核销损失中，最后冲减为零。分析中过分强调资产的“有效性”，而负债却无所不包，容易造成缩小资产、扩大负债的现象。

第三，抵押债权与抵押资产的概念混用。实际上，“已设定抵押权资产”与“已设定抵押债权”是两个含义不同的概念，而且抵押资产价值与抵押债权值未必相等。分析中如果将这两个概念混淆，势必引起错误操作，影响计算结果的准确性。

第四，在资产负债的界定中，对持续经营和非持续经营未加区分或区分不合理。由于企业在持续经营和非持续经营的情况下资产质量是不一致的，必须对此加以区分。例如，非持续经营企业有效资产中全额冲减“待摊费用”就不够正确，非持续经营企业并不一定就不发生财务活动，有些待摊费用仍然是有价值的，如已缴付的车辆保险费等，全额冲减“待摊费用”会低估偿债能力。反之，对持续经营企业进行价值分析时，对待摊费用中已存在的事实损失丝毫都不考虑也未必合适。

第五，价值分析范围不准确。例如，某债务企业原为拟实施债转股的企业，由于不符合债转股条件最终退出债转股，改按债权处理，如果将债转股方案中约定剥离的资产不计入债权受偿范围，就会低估债权回收价值。

四、正确使用假设清算法应注意的问题

考虑上述问题，假设清算法需要在实际操作过程中不断加以规范和完善。评估师在使用假设清算法时应注意以下几个方面的问题：

（1）在假设清算法操作思路中，存在或有负债的不确定性、优先扣除项目金额难以把握，以及资产变现的可能性等许多难以量化界定的因素，造成价值分析结论可以是区间值，评估师应当确信区间的合理性并予以充分说明。

（2）使用假设清算法的关键在于债务人能够提供其真实会计报表、界定准确的资产负债范围，评估师能够对企业提供的资产负债表履行相应的分析程序。实际工作中应对下列资产予以特殊考虑。

流动资产：对应收账款、其他应收款等应该以实际可回收性作为评估其现值标准，并注意以下几点：一是将大额款项及重要债务人作为清查核实的重点对象进行详查，不宜千篇一律地使用账龄分析法。二是对关联企业或长期合作企业，即使账龄较长，但应收款项的回收性也比较大。三是对行政事业单位等一些特殊主体，尽管拖欠时间较长，也应视单位性质和资金来源以及当前状况综合确定其评估值。对存货应在账账核对的基础上进行实物盘点，盘点存货金额应达到全部金额的80%以上，在清查盘点的基础上，依据其评估基准日真实市场价格确定其评估值，不能随意作为损失处理。

待摊费用和递延资产：待摊费用和递延资产核算的具体内容应列表披露。属于资本性费用支出、财务性费用支出及其他应予核销的费用支出，也应进行详细披露，同时说明评估的依据。

长期股权投资：应在核实投资额、投资对象经营状况的基础上，将其投资额及投资的时间、对象、股权所占比例评估值列表披露，说明评估的依据。

机器设备：按照当地二手设备的市场价格进行评估，没有二手设备市场，或者市场中找不到类似功能的自制或专用设备，应以重置成本为基点，根据实际情况估算一个折扣率，并说明折价的依据。

房屋建筑物及在建工程：在对当地建筑市场充分调查了解和论证的基础上，以现行市场价格为评估基点，没有现行市场价格的以重置成本为评估基点，考虑其快速变现的需要，以及当地经济发展状况、房地产市场交易的活跃程度、评估对象的变现能力等，根据实际情况，估算一个折扣率，并说明折价的依据。

土地使用权：以当地土地市场价格作为评估作价的基点，考虑其快速变现的需要、当地房地产市场的发育程度等实际情况，估算一个折扣率，并说明折价的依据。债务企业的土地使用权属于行政划拨的或缴纳土地出让金的，应予以说明，并将应补交的土地出让金数额单独列示。

可确指无形资产和不可确指无形资产：对可确指无形资产，评估机构应逐项核查，并对其中有转让价值的部分进行评估；对不可确指无形资产——商誉的评估，以零值计算。

非经营性资产：对非经营性资产的评估，应按照《国务院关于在若干城市试行国有企业破产有关问题的通知》（国发〔1994〕59 号）的规定，属于不纳入评估范围的，应在评估报告中予以披露并说明依据；属于纳入评估范围的，应按上述评估方法进行评估。

抵押资产：可分两种情况，一是债权人放弃优先受偿权利的，抵押资产计入清算财产，且按与债务企业其他资产相同的评估原则进行评估；二是债权人不放弃优先受偿权利的，也应对其进行评估，并将其评估依据和结论单独列示，对于抵押资产评估价值超过抵押债权的部分，需并入清算资产的评估价值中。需要特别说明的是，确定抵押资产价值要考虑变现过程中的费用因素。

（3）对于可能影响债权资产价值的信息，应在特别事项说明中进行充分披露。实际工作中，应特别关注或有收益、或有损失等信息，此类信息在经委托人确认后，应予以充分披露。

（4）评估师应准确把握企业在持续经营和非持续经营情况下有效资产和有效负债的范围。对或有负债的真实性、有效性、实际可能偿还的数量进行判断，并根据客观情况进行剔除。如果或有负债中存在败诉或进入执行阶段，或有负债就成为事实，还应相应考虑该或有负债衍生的对被保证企业新增债权的可回收性。

（5）确定优先债权受偿金额时，如果对应的资产价值小于优先债权，剩余的优先债权并入一般债权参与受偿；反之，超过部分并入有效资产参与清偿。

（6）评估师应充分考虑土地使用权、职工安置费等重大因素对偿债能力的影响。由于假设清算并不是真正清算，全额考虑职工安置费缺乏依据，但若完全不考虑职工安置，又和实际资产处理过程有较大背离，因此，建议对于即将进入诉讼阶段的关停企业，可以适当考虑职工安置费；对于其他企业特别是持续经营企业，不宜在分析阶段全额考虑职工安置费，可以在特别事项说明中将预计发生的职工安置费进行披露，供报告使用者参考。

（7）谨慎确定优先债权受偿金额，切实分析优先债权的真实性以及抵押、担保的有效性。一方面，有的负债企业经常将应付工资、应付福利费、应缴税金等计算得非常高，但事实上一些税费是根本不可能支付的，因此分析过程中必须核实这些税费的真实性。另一方面，抵押、保证的有效性与否在很大程度上决定了不良债权受偿率的高低，而债权人、债务人在担保有效性上往往分歧很大，分析过程中一定要较好地把握这个问题。

（8）由于假设清算是一项技术性要求很高的工作，评估机构在承接业务时应充分考虑专业胜任能力，派出的人员要具有评估、会计、法律、数理统计等专业知识以及不同的价值取向，注重分析方法、分析公式运用的严谨性与合理性。对假设清算法所使用的公式、履行的程序、技术参数等，应充分说明依据或做出合理性解释。

五、适用性与局限性

（一）适用性

第一，假设清算法是确定中小企业不良贷款最低回收率的重要参考依据。我国企业的融资主要是依靠间接融资，即依赖银行贷款，金融不良资产散布全国，涉及的中小企业数量众多。此类不良贷款一般都签订有以厂房、机器设备等为抵押物的抵押合同，但大多未在相关部门登记，有些即使办理了登记手续，但抵押物大多也已被转移或灭失，真正有效的抵押资产很少。与此同时，这类企业大多处于停产或半停产状态，财务资料往往失真或不全，且还款意愿差，无法按照正常程序和方法清收。根据金融资产管理公司成立以来的实践，该类不良资产一般需要通过诉讼强制清收或迫使债务人进行债务重组或出售给第三方实现部分债权。在这种情况下，较难找到合适的方法对其债权进行评估，因此可以用假设清算法来确定最低回收率，以此作为重组或出售的底线，最大限度地保护债权人的利益。

第二，假设清算法是贷款核销的重要参考依据。金融资产管理公司在资产处置过程中，要对拟处置的不良资产进行成本效益分析，既要考虑回收率，又要分析处置成本。应对那些回收率为零或处置成本大于资产回收的不良债权进行核销，以减少损失。对于那些确实无法用其他方法认定债权价值的不良贷款，如不能生产经营的停产企业、无抵押的不良贷款等，可以用拟处置成本与用假设清算法测算的回收现金进行比较，对于处置成本高于回收现金的不良债权，将其作为呆账贷款进行核销。

第三，假设清算法是选择处置时间的重要参考依据。处置时间的选择对不良资产的回收率有较大影响。例如，对于某些暂时生产经营陷入困境的债务企业，金融资产管理公司可以与债务人签订逐步偿还协议或暂不追收，帮助企业走出困境，待企业经营好转后再清收，往往会实现较高的回收率，或者实现全额回收。此时如果强制清收，会将企业逼入死路，最后只能破产清偿，回收少量的资产，得不偿失。但也要擦亮眼睛，有些企业看上去虽然经营还不错，但未来的风险很高，破产的可能性依旧较大。这种情况下应加紧催收，最大限度地实现债权。上述两种情况都需要用假设清算法来测算回收率，并据此作为选择处置时间的依据。

（二）局限性

假设清算法是建立在假设基础之上的，无效资产、无效负债、优先偿还债务以及优先偿还费用等都是基本假设条件，因此与实际情况会有一定的偏差，对债权价值的认定不会是十分精确的，大多数情况下只能作为一种参考指标，而不能直接作为处置依据进行使用。同时，金融资产管理公司在使用该指标的过程中，还会存在较大的道德风险，即个别人员可能利用它作为与债务人或第三方共谋的依据，故意压低回收率，因此需要利用其他手段进行相互印证。

第三节 金融不良资产评估方法——现金流偿债法

一、定义及其适用范围

现金流偿债法是指依据企业近年来的经营和财务状况，综合考虑行业、产品、市场、企业管理等因素的影响，对企业未来一定年限内可偿债现金流、经营成本进行合理预测分析，考察企业用未来经营及资产变现所产生的现金流清偿债务的一种方法。

金融不良债权面向的债务企业大多陷于财务困境，不能如期、全额支付债权本息，但对于部分有持续经营能力的债务企业，其在未来一定期限内具备用新增现金流量来偿还部分金融不良债权的能力，如果采用基于债务企业现状进行假设清算的偿债思路，往往容易低估债务企业的偿债能力。这是考虑采用现金流偿债法的主要原因。

现金流偿债法主要适用于有持续经营能力且能产生稳定的可偿债现金流量的企业。该类企业经营及财务资料规范，评估师能够依据其前 3 年的财务报表对未来经营情况进行合理分析预测。由于金融不良债权对应债务企业很少拥有持续、稳定的可偿债现金流，该方法适用范围较为有限。

二、评估程序

现金流偿债法的评估程序主要有如下步骤：

（1）收集企业的财务资料和经营情况资料；分析债务企业的经营状况，计算企业近3年的实际现金流量及实际发生的费用。

（2）分析企业历史资料，合理预测企业未来的现金流量。根据企业现状和经营计划、可预测的发展前景，预测企业可偿债期限，分析正常条件下偿债年限内债务企业的自由现金流。这一步骤的核心是偿债年限内自由现金流量的预测。

自由现金流量并不是债务企业现金流量表当中的现金流量净额，也不是经营活动现金净流量。自由现金流量（即增量现金流量或剩余现金流量）是指债务企业在履行了所有财务责任（如偿付债务本息、支付优先股股息等）并满足了企业再投资需要（包括资本支出需要和营运资本需要）之后的“现金流量”。

为了准确预测债务企业未来的自由现金流量，评估师必须首先收集债务企业历史经营的财务数据，最好不少于3年。重点关注销售收入、息税前利润（EBIT）、息税折旧摊销前利润（EBITDA）、资本支出、营运资本额、税收、利息、折旧和摊销等数据。在此过程中，还要注意历史收益数据中是否包含了非正常的因素（如未来不能持续的营业外收支、已经中止的业务收支、非正常价格下的业务收入等），必要时进行调整。评估师根据历史财务数据资料和自己的预测，并参考有关业界专家对行业、市场及公司前景的预测，编制经预测的财务数据。在预测财务数据时，必须注意以下两点：一是要确定预测的偿债年限。偿债年限是指根据债务企业现状和发展趋势确定的债务企业能以相对稳定的现金流偿还金融不良债权的年限。二是预测的顺序。预测未来现金流量的起始点从预测未来的销售收入开始，然后确定债务企业的各项成本、费用、税金以及投资收益、营业外收支等。预测时必须注意保持营运资本与销售收入同步增长；资本支出方面应考虑债务企业未来的资本支出计划以及通货膨胀的影响；折旧应能体现资本支出的增长；若债务企业历史数据显示公司经营存在周期性，则必须对预测的增长模式作周期性调整；等等。

最后，根据预测的财务数据计算预测期内各期自由现金流量的预测值。自由现金流量也可通过如下的计算公式进行计算：

自由现金流量＝净利润＋预测利息费用×（1－所得税税率）＋折旧和摊销－资本支出－营运资本的增加

资本支出是指债务企业在不动产机器设备、重要研发等方面进行的支出。资本支出是增强和保持债务企业持续竞争优势的关键，它对产品技术水平、产品质量、销售收入增长等起着至关重要的作用。未来资本支出的数额可以依据债务企业的预期销售增长情况、目前固定资产情况以及资本支出计划等进行预测。

营运资本与经常提到的铺底流动资金不尽相同，它通常是指企业的短期资本扣除营业性的短期负债后的余额，是债务企业日常经营所需的资本。随着销售收入的增长，企业对营运资本的需求一般也相应增加。未来营运资本增加的数额也可以依据债务企业预期销售收入增长情况等进行预测。

债务企业在预期偿债年限内用经营带来的可偿债现金流偿还部分金融不良债权后，其偿债期末资产变现产生的现金流仍可以偿还部分金融不良债权。对于这种资产变现产生的现金流，主要是基于清算偿债的思路，并考虑偿债期末的时间折现因素。

如果债务企业偿债期限足够长，在偿债期限内可以足额偿还金融不良债权本金甚至利息，根据债权的特点，可以无须考虑由资产变现带来的现金流量偿还金融不良债权的能力。

（3）结合资产处置方式和企业实际情况，确定偿债系数。

偿债系数是指债务企业未来偿债年限内新增自由现金流中实际可用于偿还债务的比例，它反映出债务企业用自由现金流在维持正常生产状况下偿债的现实可能性。偿债系数可根据偿债企业的性质和财务状况，在综合考虑债务人信用情况及还款意愿后确定。

偿债期内企业可用于偿债现金流＝该偿债年度自由现金流×偿债系数

（4）确定折现率。折现率是基准利率（国债利率）与风险调整值之和。风险调整值应考虑不良贷款损失率、不良贷款企业使用资金的成本、预期企业利润率及企业生产面临的各类风险等方面因素。

折现率是现金流偿债法中较为重要的参数，折现率的细小差异将会导致分析结果的巨大差异。折现率是将可偿债现金流转换为现值的比率，具体到本方法，折现率为基准利率（国债利率）与风险调整值之和。

基准利率建议可选择使用我国当前长期国债的年收益率减去期限贴水得到的数值。长期国债的期限最好与预测的现金流量的期限相同或者相近，期限贴水则需要考虑长短期国债收益的历史比较情况。

风险调整值应考虑不良贷款的损失率、不良贷款企业使用资金的成本、预期企业利润率及企业生产面临的各类风险等因素。在上述风险调整值中，除行业风险报酬率可以通过日系数法计算得出外，其他风险调整值均需要评估人员采用经验判断的方法予以确定，主观的成分较大。对于同一项目，不同的资产评估师可能得出不同的结果，甚至结果之间差异很大。因此，资产评估师在考虑风险调整值时，应注意判断的合理性和依据的充分性。对风险调整值的确定还有专家打分法、经验判断法等方法。

（5）将企业预期偿债年限内的全部可用于偿债的现金流量折现，以测算偿债能力。现金流偿债能力的基本计算公式为：

$$\text{企业偿债能力} = \text{企业未来偿债年限内新增偿债收益} \times \text{偿债系数} \div \text{企业一般债务总额} \times \text{被评估债权金额}$$

$$\text{企业未来偿债年限内新增偿债收益} = \sum_{i=1}^{n} \frac{\text{第 } i \text{ 年自由现金流量}}{(1 + \text{折现率})^{t}}$$

其中，n 表示未来偿债年限。

（6）对特别事项进行说明。

现金流偿债法的操作思路是，首先，根据近年来企业的经营成果和财务状况，对产品销售、企业管理、行业、市场等影响因素进行综合考虑；其次，在一个合理的未来业务范围内对企业可以偿债的现金流和经营成本进行分析，最后用企业未来的经营成果和因资产变现产生的现金流去清偿债务。

【例 7－2】 某持续经营企业，具有连续 3 年以上的财务报表及相关资料。通过查阅资产负债表得知，2014 年年底企业资产总额是 3.5 亿元，同期负债总额是 3 亿元（有效负债），其中某资产管理公司享有的债权为 1.2 亿元。

根据报表分析和市场分析，企业在2015年度通过经营活动产生的净现金流量为1000万元，并且预计未来5年按5%的年增长率均匀增长（不考虑自由现金流量与现金流量的差别）。

评估计算过程：

未来5年偿债能力可以通过如下方法测算。未来偿债年限新增偿债收益折现值的计算过程如表7－3所示。

步骤一，预测未来5年净现金流量。

步骤二，确定偿债系数。根据企业生产和发展对现金流量的需求，预测企业每年可以拿出净现金流量中的75%用于偿债。

步骤三，确定折现率。依照基准利率和风险调整贴现率确定折现率，考虑包括不良贷款损失率、不良贷款企业使用资金的成本等因素，确定折现率为10%。

步骤四，现金流量折现及期末企业资产变现估计。折现至2015年的现值为10254.18万元。

表7－3　未来偿债年限新增偿债收益折现值的计算过程　单位：万元

年份	2015	2016	2017	2018	2019	期末资产价值
净现金流量	1000.00	1050.00	1102.50	1157.63	1215.51	
可偿债净现金流量	750.00	787.50	826.88	868.22	911.63	10000
折现系数	1	0.9091	0.8264	0.7513	0.6830	0.6830
折现值	750.00	715.92	683.33	652.29	622.64	6830

步骤五，计算偿债能力。

偿债能力＝未来偿债年限新增偿债收益的折现值÷企业一般债务总额

＝10254.18÷30000＝34.18%

特定债权回收价值＝特定债权额×偿债能力

＝12000×34.18%＝4102（万元）

三、使用现金流偿债法应注意的问题

使用现金流偿债法应注意以下几个问题：

（1）企业未来现金流量应包括预期偿债年限内由经营带来的现金流量

和预期偿债期末由资产变现带来的现金流量。

（2）现金流偿债法使用的核心是未来现金流预测偿债系数、偿债年限、折现率的确定等因素，如果确实能够对这些因素做出准确预测，现金流偿债法可以达到比较理想的效果。因此，偿债系数、预期偿债年限、折现率的确定等应具有依据或合理解释。

（3）在预测中应注重分析抵押物对企业现金流的影响。由于抵押债权拥有优先受偿的权利，债务企业可能将经营产生的现金流用于优先偿还抵押债权。抵押债权的受偿情况要综合抵押物价值及债务企业可偿债现金流等因素确定，相应的信用债权的受偿情况要受到该因素的影响。

（4）应适当考虑非财务因素对企业偿债能力的影响，在特别事项说明中予以披露。使用现金流偿债法时还应注重非财务因素对金融不良债权回收价值的影响。在实际工作中，依据财务资料采用现金流偿债法进行价值分析往往与处置实践存在较大的差距，其主要原因是受非财务因素的影响。金融不良债权的价值除了受到债务企业自身财务状况以及未来的发展前景影响外，还要考虑职工安置、社会稳定、偿债意愿、社会信用、经济发展等多种因素。按照目前的现金流偿债法，这些非财务因素的影响难以被量化和体现到价值分析结果中，往往依赖资产评估师的经验判断，应在确定可偿债现金流及折现率时适当考虑企业非财务因素对企业偿债能力的影响，或在特别事项说明中加以披露。

（5）敏感性分析。一般情况下，现金流偿债法对可偿债现金流和折现率最为敏感，因此在条件具备时，应该对可偿债现金流和折现率这样的关键参数进行敏感性分析。通过敏感性分析，可以得出对金融不良债权估值的合理范围，这样可以较为科学地确定金融不良债权的回收价值区间。

四、适用性与局限性

（一）适用性

金融不良债权面向的债务企业的一般财务状况都不理想，否则就不会称之为不良债权或不良资产。但这种基本状况并不否认部分企业可能还有持续经营能力，其在未来一定时期内仍然可能产生一定的新增现金流量并可用来偿债。如果忽视这种可能性，采取非持续经营条件下的假设清算法进行债权分析，可能造成低估债务企业的偿债能力，从而损害债权人利益。因此，如果该类企业的经营、财务资料比较规范，而且资产评估师能够得到以前若干年度的财务资料，并能够较为准确地对企业未来经营情况进行合理分析预测，采取现金流偿债法分析其债权价值还是有可行性的，尽管这类企业或债权价值分析的情形可能较少。

（二）局限性

现金流偿债法的最大局限性表现为其关键参数的不确定性。无论是未来的企业经营活动状况，还是具体的经营现金流，可用于偿债的净现金流、偿债年限、折现系数等，都需资产评估师依据已掌握的有关资料、运用全面的知识和经验进行预测和估计，预测与估计的准确性如何，将极大地影响债权价值分析结果的准确与否。价值分析结果可能由于这些参数的预测与估计的差之毫厘而谬以千里。因此，在有些情况下，尽管债务企业符合现金流偿债法的应用条件，但可能因为评估师的胜任能力不足，导致无法应用该方法。采用该方法的情形中，资产评估师必须对预测与估计的参数进行详细的依据说明。

第四节　金融不良资产评估方法——交易案例比较法

一、定义及其适用范围

交易案例比较法是指在通过定性分析掌握债权资产的基本情况和相关信息，确定影响债权资产价值的各种因素的前提下，选取若干近期已经发生的与被分析债权资产相类似的处置案例，对影响债权资产处置价格的各因素进行量化分析，与被分析债权资产进行比较，确定比较因素修正系数，对交易案例的处置价格进行修正且综合修正结果，得出被分析债权资产价值的一种分析方法。同时，当可获取的样本数量足够大时，也可以运用回归分析、方差分析等数理统计的方法对样本进行分析，以此为基础测算债权资产的价值。

交易案例比较法的比较因素主要有债权形态、债务人性质、行业特点、处置规模等，一般要求进行比较的交易案例应不少于三个。

有些金融不良资产虽然对应的债务人处于持续经营状态，却不能提供评估所需的财务资料，从形式上看似乎没有证据表明其拥有有效资产，但事实上却存在着潜在的购买人，说明其还是具有一定的内在价值，此时用现金流偿债法、假设清算法等方法都无法评估其内在价值。根据市场法的基本原理，用已经处置类似债权作为评估参考依据进行因素调整，评定、估算评估对象内在价值也是可行的。究其原因，虽然不同的企业有不同的情况，但就金融不良资产整体而言，有形成的共因，加之相邻地区经济发展水平的趋同性，参照邻近地区已经处置债权的案例，通过若干因素的比较，就可以发现内在价值。采用交易案例比较法的关键是，案例的选取要有可比性，比较因素具有可得性，且与内在价值有关。

交易案例比较法主要适用的情形是，可以对债权资产进行因素定性分析以及有可供比较的债权资产交易案例。对于债务人没有或不能提供相应评估资料的债权资产，相比其他评估方法，交易案例比较法更具有优越性。当然，若可获取的交易案例样本量足够大，也可以运用回归分析、方差分析等数理统计的方法对样本进行分析，测算债权价值。

二、评估程序

在金融不良资产评估中，交易案例比较法运用的主要程序、步骤如下：

（1）对债权资产进行定性分析。对被评估债权进行定性分析，是指通过调阅剥离收购资料，剖析债务人信贷档案，对调查情况及搜集的材料进行综合分析，据此确定债权潜在价值的一种定性分析方法。其分析程序包括：调阅债权、债务关系形成及其维权情况的全部档案资料，听取债权人对该项债权及债务人情况的介绍，并与档案资料进行核对；根据收购时的档案资料进行相关分析，主要是分析贷款的形成情况、导致损失的原因，企业经营状况、商业银行五级或四级分类资料等。这个环节主要是对债权的历史状况作简洁、明确的定性描述；分析现场实地勘察情况和债权处置人员市场调查、询价资料，以及当地宏观经济环境、债权交易市场状况等资料；从工商、土地、房产等当地政府相关部门或债务人主管部门获取有关债务人或债务责任关联方的相关信息资料。通过对这些资料的分析，确定影响债权资产价值的各种因素。实务中，这一环节可以借助填写债权价值定性分析表（见表7－4）的方式进行。

表7－4　债权价值定性分析表（参考格式）

<table>
<tr><td colspan="7">债务人</td><td colspan="7"></td><td colspan="7">企业性质</td><td colspan="7"></td></tr>
<tr><td colspan="4">剥离时贷款本金</td><td colspan="4"></td><td colspan="4">表内利息</td><td colspan="4"></td><td colspan="4">表外利息</td><td colspan="4"></td><td colspan="4">孳生息</td></tr>
<tr><td colspan="7">截至评估基准日债券总额</td><td colspan="7"></td><td colspan="7">拟处置方式</td><td colspan="7"></td></tr>
<tr><td colspan="28">贷款分类：四级分类　　　　　　　五级分类</td></tr>
<tr><td colspan="28">债务人基本情况</td></tr>
<tr><td colspan="28">（注册地址、注册资金、经营范围、年检情况）</td></tr>
<tr><td colspan="28">贷款基本情况</td></tr>
<tr><td colspan="28">（贷款合同号、发放时间，贷款期限，贷款用途、贷款方式、抵押和担保情况）</td></tr>
<tr><td colspan="14">贷前调查评价情况</td><td colspan="14"></td></tr>
<tr><td colspan="14">贷后调查评价情况</td><td colspan="14"></td></tr>
<tr><td colspan="14">原银行贷款分类理由</td><td colspan="14"></td></tr>
<tr><td colspan="14">贷款实际用途</td><td colspan="14"></td></tr>
<tr><td colspan="14">贷款偿还记录</td><td colspan="14"></td></tr>
<tr><td colspan="14">贷款剥离时债务人经营状况</td><td colspan="14"></td></tr>
<tr><td colspan="14">债务人信用状况初步评价</td><td colspan="14"></td></tr>
<tr><td colspan="28">贷款抵押担保情况</td></tr>
<tr><td colspan="14">抵押情况</td><td colspan="14">（抵押物名称、数量、类别、登记情况）</td></tr>
<tr><td colspan="14">担保情况</td><td colspan="14">担保人名称、是否有效、担保能力初步评价</td></tr>
<tr><td colspan="28">市场交易情况</td></tr>
<tr><td colspan="28">同类资产交易案例，拍卖、招标投标、挂牌等情况，债权人（尤其是项目经理组）掌握的其他影响债权价值分析的信息。</td></tr>
<tr><td colspan="28">分析结论</td></tr>
<tr><td colspan="14">备注</td><td colspan="14">其他需要说明的问题</td></tr>
</table>

（2）选择参照交易案例。选择三个及以上债权形态、债务人性质和行业、交易条件相近的债权处置交易案例作为参考。资产评估师应当确信参照物与分析对象具有可比性。这个环节的关键是参照物选取要恰当。参照物选好了，可以起到事半功倍的作用；否则，如果选取的参照物与待评估债权差异较大，因素调整就会难以进行，将会极大地降低评估结论的可信程度。

（3）对分析对象和参照物之间进行比较因素调整。比较因素包括但不限于：债权情况，包括贷款时间、本息结构、剥离形态等；债务人情况，包括行业、性质、规模、地域等；不良资产的市场状况；交易情况，包括处置方式、交易批量、交易时间、交易动机等。此外，如果有抵押、担保等因素，还要进行单独分析。此外，在交易案例样本比较多时，可以通过统计分析方法确定主要的比较因素，剔除影响较弱的因素。

需要强调的是，这个环节应将比较调整因素按对债权回收价值影响的大小设立不同的分值标准，再根据实际情况对每个调整因素进行分类，明确调整分值的标准，据此进行列表分析。标准分值的划分和调整分值的确定十分关键，它是做好因素调整的基础，不同地区可根据交易案例情况设定一套比较因素调整参数表（见表7-5），再根据具体评估对象实施因素调整。

表7-5　交易案例比较法因素调整参数表（参考格式）

因素项目	分类	标准分值	调整分值
贷款时间	年度	10	每早、晚一年减、加0.5分
本息结构	利息占本金的百分比	10	每降、升5个百分点加、减1分
剥离形态	1. 呆滞、可疑；2. 呆账、损失	10	1类计10分；2类计1分
所属行业	1. 纺织、机械，电子，矿冶、制药；2. 建材，化工，建筑，修理、运输；3. 商业、物资，外贸，餐饮，其他；4. 农业、林业、牧业、渔业	5	每差别一档减0.5分
企业性质	1. 国有；2. 集体；3. 合资；4. 私营	7	从1—4档每差别一档减1分

续表

因素项目	分类	标准分值	调整分值
企业规模	1. 大型；2. 中型；3. 小型	7	从1—3档每差别一档减1分
目前经营状况	1. 自营；2. 出租；3. 改制；4. 关停	6	从1—4档每差别一档减1分
历史信用状况	1. 差；2. 较差，3. 极差	5	从1—3档每差别一档减1分
所处地域	1. 中心城市；2. 县域；3. 乡镇；4. 农村（城郊按下一类级计算）	10	从1—4档每差别一档减1分
不良资产市场状况	1. 发育；2. 一般；3. 不发育；4. 极不发育	10	从1—4档每差别一档减1分
交易批量	单个、打包	5	极差2分
交易时间	年度	10	每早一年加2分
交易动机	1. 自用、抵债；2. 追索、再转让		极差1分
特殊因素调整	1. 特殊因素调整另加文字说明；2. 如有抵押、担保因素单独分析		

（4）指标差异比较、量化。将参照物与评估对象进行比较、打分，对指标差异进行比较、量化。为了避免差距过大，在设计调整分值时，均保留一个基础分值，之后按类别归类打分。这个环节主要是注意归类的准确性，把交易案例、评估对象的基本情况填列清楚，运用职业判断进行对比分析；打分尽量合理、科学。

（5）合理分析估测债权资产价值。将交易案例的债权回收比例分别除以对应的分值，得出评估对象的三个及以上的参照比例；然后根据参照物与评估对象的相似程度，取其不同的权重进行加权，最后得出债权的分析价值。对三个及以上案例的权重要视重要性而定，相似程度最高的案例可占权重70%，其余占30%；如果有两个案例相似程度较高，其权重各占40%，其余占20%；如果无法区分其相似程度，则计算时取其算术平均数。

【例7-3】某企业系20世纪50年代成立的集体企业，因为历史包袱重、经营管理不善，目前已关停，职工全部自谋职业。某资产管理公司对此债务人的债权合计为450万元。为了解该项债权的可转让价值，某资产管理公司委托某资产评估公司对该项债权价值进行了评估咨询。

调查结果显示，该债务人系20世纪50年代成立的集体企业，在册职工57人，离退休人员26人，主要经营生产资料等产品。和其他经济组织一样，债务人在计划经济时期曾对当地的经济发展起过一定的积极作用。在激烈的市场竞争中，原有的体制束缚、机制不活、观念陈旧、包袱沉重等弊端日益显现出来，最终导致亏损严重，资不抵债，不得不关停，全部职工下岗，自谋职业。

负债情况：经调查了解，该债务人在某银行借款6笔，本金合计265万元，用途为购进商品。至本次分析基准日即2002年12月10日，累计欠表外息135万元、孳生息50万元，本息合计450万元。除欠委托人债务外，尚拖欠养老保险金24万元、失业保险金8万元、职工工资76万元、其他金融机构贷款40多万元、应付款项210万元。企业资产有限，负债巨大且信用极差，因此，某银行将该项债权转让给某资产管理公司。

资产情况：经调查发现，该债务人现有资产为经营用旧厂房1000平方米，该房屋建筑年限较早、状况较差，变现价值不大，初步评估价值约在4万元；土地使用权涉及宗地一块，面积为6667平方米，即10亩，由于当地土地交易市场发育迟缓，至今尚无土地交易案例，初步评估土地价格每亩为20万元。假定在可以交易的情况下，除缴纳土地部门的出让金外，可获净收入约120万元。上述有效资产价值预计在124万元。

债务企业借款的抵押、担保情况：债权全部由该区生产资料公司担保，该公司因经营不善、严重资不抵债，已经破产。银行向资产管理公司剥离时按信用借款剥离。

针对上述情况，评估人员分析后认为，由于担保企业已经破产，只有针对债务企业现有有效资产进行追偿，才可能最大限度地保全国有资产，为此应尽快采取公开拍卖的方式转让债权。

根据调查，某资产管理公司不久前在该地区已经成功地拍卖了一批债权，评估公司因而选取了债权形态相同、债务人性质和交易条件相近的三个债权处置交易案例作为参照物进行因素比较和调整分析。三个交易案例分别是：

交易案例一：A 区某乡供销社，债权额 113 万元，处置回收额 24 万元，回收比例为 15%；

交易案例二：A 区某日杂公司，债权额 1588 万元，处置回收额 380 万元，回收比例为 22%；

交易案例三：A 区某果品蔬菜公司，债权额 450 万元，处置回收额 126 万元，回收比例为 24%。

通过对被评估对象与该三家债务人基本情况的对比分析，计算出交易案例比较法因素调整表、指标差异调整表，分别如表 7-6、表 7-7 所示。

表 7-6 交易案例比较法因素调整表

项目	交易案例一		交易案例二		交易案例三		待评估债权	
	具体情况	打分	具体情况	打分	具体情况	打分	具体情况	打分
贷款时间	1993	9.5	1992	9	1993	9.5	1994	10
本息结构（息%）	30	18	69	10	51	13	70	10
剥离形态	呆滞	19	呆滞	19	呆账	10	呆账	10
所处行业	商业	5	商业	5	商业	5	商业	5
企业性质	集体	7	集体	7	集体	7	集体	7
企业规模	小型	7	小型	7	小型	7	小型	7
目前经营状况	关停	6	关停	6	关停	6	关停	6
历史信用	较差	7	较差	7	较差	7	较差	7
所处地域	农村	10	县城	12	农村	10	农村	10
金融不良资产市场状况	不发育	10	一般	11	不发育	10	不发育	10
交易批量	打包	7	打包	7	打包	7	单个	5
交易时间	2002	10	2002	10	2002	10	2002	10
交易动机	再追索	5	再追索	5	再追索	5	再追索	5
分值合计		120.5		115		104.5		100

表 7－7　指标差异调整表　（%）

项目	交易案例一	交易案例二	交易案例三	备注
调整前转让比例	15	22	24	
因素调整分值	120.50	115	104.5	
调整后转让比例	18.08	25.30	25.08	
调整后平均比例	（18.08＋25.30＋25.08）/3＝22.82			

按照以上三个交易案例调整后的加权平均回收率计算，委托债权人某资产管理公司得出该项债权可变现价值为22.82%。

三、特殊注意事项

（1）资产评估师应通过尽职调查获取必要的资料信息。

（2）能够获得类似或具有可比性的债权资产处置案例作为参照物。因为交易案例比较法的使用前提就是存在可参照的与被分析债权资产类似的债权资产处置案例，而且这些案例应当是近期发生的，并且具有一定的数量。同时，由于债权资产情况比较复杂，债权资产间的可比性较弱，评估师应对此予以高度关注，避免滥用交易案例比较法。

（3）不良债权如有涉及抵押、担保等因素，应当单独分析。

四、适用性与局限性

（一）适用性

在评估对象财务资料严重缺失的情况下，债权所有人想要了解该债权的内在价值是一个很大的难题。交易案例比较法的初衷就是站在这个角度，力争给委托人一个恰当的参考意见。假设事实上存在这么一个比较完备的金融不良资产交易市场，则通过类似交易案例的比较是合乎逻辑的。

（二）局限性

局限性主要体现在两个方面：一是案例的选取方面。由于市场中存在各种各样的案例，是否选取了同一或相似的资产类型、交易方式、市场交易条件下的案例，对评估结果将产生很大的影响。二是案例的因素比较方面。比较过程带有人为影响，在因素比较中，对不同因素孰重孰轻的认识往往因人而异，因此每个因素的修正程度也会不尽相同。鉴于此，利用此方法得出的评估结论仅能作为公开交易的一般参考依据。

本章小结

1. 金融不良资产通常主要是指商业银行的次级、可疑、损失类贷款。此类资产从总体上看具有分布广、质量差、权利瑕疵多，有一定的处置价值等特点。

2. 金融不良资产评估，是指依据国家有关规定，以某一时点为评估基准日，对其价值进行评定、估算和分析、判断的行为。《金融不良资产评估指导意见》所称的金融不良资产评估业务，包括资产评估专业人员执行的以金融不良资产处置为目的的价值评估业务和以金融不良资产处置为目的的价值分析业务。

3. 金融不良资产评估业务中，根据项目具体情况和委托方的要求，评估对象可能是债权资产，也可能是用以实现债权清偿权利的实物类资产、股权类资产和其他资产。

4. 金融不良资产的评估方法有多种，如假设清算法、现金流偿债法、信用评价法、交易案例比较法、专家打分法、综合因素分析法等。其中，假设清算法、现金流清偿法以及交易案例比较法是较为常用的方法，也是本章重点介绍的方法。

5. 需要指出的是，每种金融不良资产的评估方法都不是万能的、十全十美的，都有各自的特点，也都有各自的适用性与局限性，需要在实际工作中审慎选择，趋利避害。

章后习题

重要概念

金融不良资产　金融不良资产评估　假设清算法　现金流偿债法　交易案例比较法　信用评价法　专家打分法　综合因素法

思考题

1. 什么是金融不良资产？其大致可分为哪几类？

2. 简述金融资产的评估方法。

3. 什么是假设清算法？在利用该方法进行债务企业偿债能力分析时，根据债务企业不同的经营情况，通常采用哪几种清算价格？

4. 假设清算法具有哪些适用性和局限性？

5. 现金流偿债法的适用范围是什么？评估程序怎样？

6. 使用现金流偿债法应注意哪些问题？

7. 什么是交易案例比较法？它具有哪些适用性和局限性？

8. 使用交易案例比较法有哪些特殊注意事项？